高等职业教育"互联网+"新形态一体化系列教材
城市轨道交通类高素质技术技能型人才培养教材

城市轨道交通
班组管理

主　编 ◎ 赵义军　李俊辉
副主编 ◎ 李　洁　王　博　苏　培
主　审 ◎ 许迅安　刘　斌

华中科技大学出版社
http://www.hustp.com
中国·武汉

图书在版编目(CIP)数据

城市轨道交通班组管理/赵义军,李俊辉主编.—武汉:华中科技大学出版社,2022.6(2025.2重印)
ISBN 978-7-5680-8457-4

Ⅰ.①城… Ⅱ.①赵… ②李… Ⅲ.①城市铁路-轨道交通-班组管理-高等职业教育-教材 Ⅳ.①F530.6

中国版本图书馆 CIP 数据核字(2022)第 099093 号

城市轨道交通班组管理 赵义军 李俊辉 主编
Chengshi Guidao Jiaotong Banzu Guanli

策划编辑：张　毅	
责任编辑：段亚萍	
责任监印：朱　玢	
出版发行：华中科技大学出版社(中国•武汉)	电话：(027)81321913
武汉市东湖新技术开发区华工科技园	邮编：430223
录　　排：武汉创易图文工作室	
印　　刷：武汉科源印刷设计有限公司	
开　　本：787mm×1092mm　1/16	
印　　张：11	
字　　数：271 千字	
版　　次：2025 年 2 月第 1 版第 3 次印刷	
定　　价：42.00 元	

本书若有印装质量问题,请向出版社营销中心调换
全国免费服务热线：400-6679-118　竭诚为您服务
版权所有　侵权必究

前　言

　　班组是企业最基础的组织和最基本的生产单位,是企业发展的助推剂,高水平的班组管理是企业稳定快速发展的重要前提。我国城市轨道交通近些年来虽呈现持续大规模快速发展态势,但运营单位普遍处于企业发展初期阶段,企业及员工趋于年轻化,基层管理水平参差不齐,管理基础和经验相对薄弱,基层管理能力与企业快速发展的需求存在差距,已成为制约行业整体管理水平的重要因素。

　　鉴于行业快速发展的大背景及企业管理水平普遍需要提升的现状,目前国内各家轨道交通运营单位均重视并大力开展基层班组标准化建设工作,如广州地铁的标准化班组建设、南京地铁的细胞体班组建设、苏州地铁的五型班组建设等。尽管班组建设作为企业管理提升的重要举措已被足够重视,但目前行业内普遍存在如下问题:班组发展不够平衡,建设不够全面,管理缺乏系统化、体系化思维;班组建设往往流于形式,难有成果;班组建设缺乏长期目标和持续改善的理念,想一步到位建设完美班组却在过程中找不准着力点;班组建设评价体系不全面、不完善;班组主动管理、自我管理意识不足。针对这些问题,通过系统的研究和实践总结,提升班组管理水平,才能激发企业的活力和创造力,为企业持续发展输送源源不断的动力。

　　本书基于上述问题和人才培养目标并结合教学改革要求,采用以项目导向、任务驱动的职业教育模式,通过岗位职业能力分析,提出每一项目的能力目标和知识目标;以案例分析启发学生思考,使学生清楚岗位的职业要求,提高学习兴趣,力求系统、全面地阐述城市轨道交通班组管理的知识和技能,突出职业教育特色,围绕职业能力的形成组织课程内容。教材编写充分考虑培养应用型人才院校学生的认知特点,主要围绕"是什么,怎么做",知识点力求简单,文字简洁明了,通俗易懂。

　　本书对班组管理所需要的理论知识进行讲解,并根据班组管理的特征完成班组管理任务,以提高城市轨道交通运营部门专业技术人员的职业水平为参考标准,充分考虑提高学生的职业技术能力和职业素养,重点培养学生的创新精神和实践能力。本书由职业院校教师和城市轨道交通运营企业管理人员共同编写、审核,行业特点鲜明,实用性强。教材的特色和创新之处如下:

　　(1)强调以学生为本,通过理论分析、逻辑思考和案例讨论等多种形式组织教学内容,便于采取小组讨论、角色扮演、交流探讨、真实情景模拟等多种课堂形式,使学生能够亲身体验学习过程,增强学习兴趣,从而提高学习动力。

　　(2)以岗位作业为基础设计教学内容,内容深度符合职业教育的特点,不晦涩难懂,文字表达简明扼要,且图文并茂,符合学生的认知水平,便于学生开展自学。

　　(3)编写过程中充分考虑到行业的痛点和企业的实际需求,广泛吸收国内多地先进的城市轨道交通运营管理经验,强调理论和实践并存,既传授知识又培养学生技能。

本书由武汉铁路职业技术学院赵义军担任主编，负责全书框架和编写思路的设计及全书的统稿工作，广东交通职业技术学院李俊辉担任第二主编，武汉铁路职业技术学院李洁、王博、苏培担任副主编，武汉铁路职业技术学院许迅安和武汉地铁运营有限公司刘斌担任主审。具体编写分工如下：项目1～项目3由赵义军和李俊辉编写，项目4由赵义军、王博编写，项目5由赵义军、李洁和苏培编写。书中参考引用了有关从事城市轨道交通运营管理研究的专家、学者的著作和成果，在书末列出了主要参考文献，在此表示衷心的感谢。

鉴于编者水平、经验有限，书中疏漏和不当之处难免存在，恳请读者予以指正，以便修订和完善。

目 录

项目 1　班组及班组管理 …… 1
　任务 1　班组的基本认知 …… 2
　任务 2　班组管理的基本认知 …… 7

项目 2　班组人员管理 …… 25
　任务 1　班组长的选拔和培养 …… 26
　任务 2　岗位与人员管理 …… 40
　任务 3　人际关系管理 …… 47
　任务 4　心理健康管理 …… 67
　任务 5　精神文明建设 …… 74

项目 3　班组生产管理 …… 84
　任务 1　班组现场管理 …… 85
　任务 2　班组设备管理 …… 94
　任务 3　班组材料管理 …… 101

项目 4　班组安全管理 …… 104
　任务 1　班组安全教育培训 …… 105
　任务 2　班组现场安全生产管理 …… 113
　任务 3　安全事故（事件）处置调查 …… 122
　任务 4　班组公共危机处理 …… 127

项目 5　班组服务质量管理 …… 137
　任务 1　质量管理概述 …… 138
　任务 2　班组服务质量控制 …… 143
　任务 3　班组 6S 管理 …… 148
　任务 4　班组服务质量改进 …… 161

参考文献 …… 167

项目1　班组及班组管理

项目思政

 项目概述

企业根据经营管理需要通常划分为若干车间或者部门,车间或部门视其规模大小又可进一步划分为若干班组,企业的所有生产活动都在班组中进行,班组管理是企业管理中的基础。班组管理包括上级管理和班组自身管理。前者指车间或部门级以上的管理人员对班组工作、劳动纪律、思想素质方面所进行的一种管理,后者是指班组中班组长直接对班组成员进行自身管理。班组作为最基础的管理单位,其管理的好坏直接影响或决定最终产品或服务的质量。良好的班组管理有利于提高基层员工的工作积极性,激发其创造性,使其更好地坚守本职岗位,高效地完成生产任务。

本项目分两个部分介绍班组及班组管理。第一个部分主要是班组的基本认知,包括班组的定义、特点、作用和职能;第二个部分主要介绍班组管理的基本情况,包括管理的概念和作用、管理的要素和特征、管理的基本职能、管理的原理和方法、班组管理的基本内容和要求,以及城市轨道交通班组管理现状和存在的问题。

 教学目标

1. 学习目标:
- 了解班组的定义、特点、作用和职能。
- 了解管理的概念、特征和基本职能。
- 掌握班组管理的概念、地位和基本内容。
- 了解我国城市轨道交通班组管理的现状和问题。

2. 素质目标:
培养创新精神,提升综合素质,熟练掌握班组管理的各类知识、技能,严格执行班组管理工作程序、工作标准,提升班组管理工作水平和效率。

任务 1　班组的基本认知

学习要求

1. 了解班组的定义和特点。
2. 掌握班组的作用和职能。

一、班组的定义

班组是为了共同完成某项任务,根据产品或服务的技术标准和工艺要求,在劳动分工的基础上,把生产或服务过程中相互协同的同工种工人、相近工种或不同工种工人组织在一起,从事生产活动的一种组织。班组是企业内部基层的劳动和管理组织,是企业最小的生产单位。

从组织架构来说,班组是城市轨道交通运营企业基础的生产管理单位,承担了组织制度的层层落实。城市轨道交通运营企业直接面向乘客和公众提供客运服务及组织列车运行,根据分工的不同,班组类型多样,分为四类——行车作业班组、客运作业班组、施工(检修)管理班组和其他作业班组,车站行车和客运作业班组是其中最常见的班组之一(图1-1)。城市轨道交通车站的管理是一个非常具有挑战性的任务,它涵盖了员工与员工、员工和乘客、乘客和乘客、人员和设备以及设备和物品等之间的广泛关系。只有做好基层班组管理工作,才能提供高质量的公共服务。

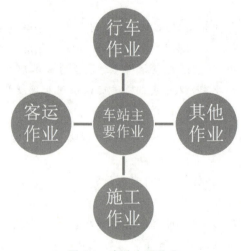

图 1-1　车站主要作业

根据工作特点及生产需要,班组可分为生产型班组、辅助生产型班组和服务管理型班组,城市轨道交通车站班组是完成城市轨道交通客运运输生产任务的重要单位,属于第一线的生产型班组。

二、班组的特点

从班组的定义可以看出,班组具有生产作业的类同性和组织结构的基础性性质,除此之外,在实际工作中,班组还表现出基层管理的民主性、文化建设的亲和性和学习传承的创新性等性质。其特点主要体现在以下几个方面:

(1)结构小:班组是企业组织结构中最基层的单位,也是结构最小的单位。

(2)管理全:管理内容包括质量管理、现场管理、安全管理、生产管理、工艺管理、劳动组织、成本核算等,麻雀虽小,五脏俱全。

(3)工作细:班组工作非常具体,通常采用一人一岗、一事一议制度,将工作具体分配到每一个班组成员,保证工作任务落到实处。

(4)任务实:上面千条线,下面一根针,企业所有的管理内容最终都要落实到班组。

(5)群众性:班组管理是一项群众性很强的工作,需要班组成员团结一致,集中大家的智慧和力量才能完成。

城市轨道交通客运运输生产点多线长,具有任务重、强度大、安全要求高的特点,车站班组的工作环境封闭单一,岗位责任大,工作条件相对艰苦。

三、班组的作用

随着经济体制改革的不断加快和市场经济的推行,企业之间的竞争日益激烈,因而对企业管理提出了更高的要求,班组作为企业的基础,在企业里具有不可替代的作用。企业能否发展,从一定意义和程度上取决于班组建设的好坏。如果班组是松散的、没有活力的,企业就不会发展,甚至会走向滑坡;相反,如果班组是团结的、有活力的,企业就会发展壮大,走向辉煌。班组的作用主要有以下几个方面:

(1)班组是企业经济活动的细胞,具有提高企业经济效益的作用。班组作为组织结构的基础,如果把企业比作躯体,班组则是该结构体系中的一个细胞。身处企业生产经营管理的第一线,高效的班组能够提高企业经济效益,保证企业经营管理目标的实现。

(2)班组是企业能人、强人的聚集库,具有对企业的发展"造血输能"的作用。基层一线员工是企业发展的力量源泉,班组作为企业最重要的基本组成部分和排头兵,一线班组人才的培养是企业发展的重中之重。

(3)班组是企业民主管理的基地,具有团结和稳定职工的凝聚作用。班组民主管理是企业民主管理的基础,是切实保障职工当家做主的地位和权利,充分调动广大职工工作的积极性和创造性的重要形式。

(4)班组是企业创新的重要阵地,具有推动企业创新发展的作用。全面提升创新能力是企业增强竞争力的有效途径之一,尤其作为企业的细胞——班组,更要锤炼创新能力,不断创新管理方法和思路,让班组管理充满生机与活力,在企业精细化管理和降本增效中发挥积极作用。

(5)班组是企业精神文明建设的前沿,具有稳固企业精神根基的作用。班组是企业管理中最基础的一级管理组织,是企业组织生产经营活动的基本单位,如果缺少精神文明建设,企业的根基就不会牢固,易于动摇,打造班组精神,是促进企业持续全面健康发展的必要前提。

> **拓展阅读**
>
> **某企业班组的民主管理制度**
>
> 1. 班组需建立民主管理小组或民主管理委员会，实行"由职工直接参加"的民主管理制度，发挥全体职工民主参与、民主监督作用。
> 2. 班组职工民主管理会由工会小组长主持，班组全员参加，对班组权限范围内有关事项进行审议、通过或决定。
> 3. 班组管理实行"班务公开"制度。
> 4. 班组民管会每月召开一次，每次会议必须有班组五分之四以上职工参加，讨论决定的事项由班组全体职工半数以上同意。
> 5. 班组民管会实行民主集中制，班组长要执行班组民管会在其职权范围内做出的决定。班组长对民管会的决定有不同意见时，可提请民管会复议，如复议后意见仍不一致，应向车间党、政、工组织报告，请上级协调解决。
> 6. 班组民管会在其职权范围内讨论决定的事项变更，必须经班组民管会再次讨论同意。
> 7. 班组民管会要维护班组长行使组织生产和行政管理上的职权，强化班组管理。班组长要保证班组民管会行使民主权利，为班组开展民主管理活动创造条件。
> 8. 班组工管员是班组民主管理的骨干，一方面协助班组长抓好各项管理，另一方面积极搞好班组民主管理工作。

四、班组的职能

企业根据实际工作需要，设置具有不同职能的各类班组。班组的设置要以"有利于释放生产力，有利于促进生产、确保安全"为指导，统筹考虑工种、工序、班制等特点，以遵循"作业区域相对集中、作业对象相互关联、管理跨度比较适中、便于协调管理"为基本条件，并且符合机构编制规定。一般来说，其主要职能有以下几个方面：

（1）以安全生产为基础，以提高经济效益为中心，根据企业生产经营目标和计划，按照设备管辖（业务分工）范围，全面完成生产工作任务和各项经济技术指标。

（2）正确执行各项生产规章制度、运行规程和上级命令。

（3）科学组织班组的劳动分工与协作，加强班组劳动管理与考核，搞好班组计划管理，及时分析班组安全、经济、质量等情况，促进班组劳动生产率的不断提高。

（4）实施全面质量管理，加强质量教育，强化质量责任制，搞好班组现场质量管理，满足生产需要，提供优质服务。

（5）抓好班组的基础管理，建立和完善班组的规章制度，做好定额管理、标准化、计量、原始记录和基础教育（包括岗位培训和职业道德教育）等工作。

（6）做好班组思想政治工作，调动职工的工作积极性。开展班组企业文化建设，建设学习型班组。

（7）实行班组民主管理，充分发挥班组"五大员"（指班组长、工会小组长、安全员、宣传员、培训员）在民主管理中的作用。

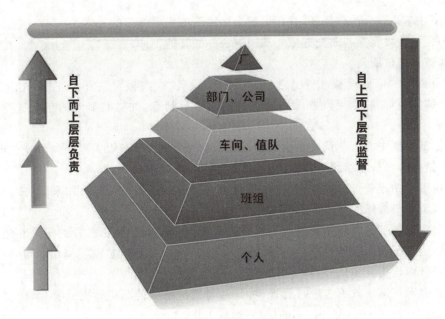

图 1-2　企业层级

现代企业具有层级划分的特点,实行层级负责制(图 1-2)。以车站作业班组为例,城市轨道交通车站实行层级负责制,由上至下顺序依次为:站长、值班站长、值班员、站务员,车站各层级人员均有一定的管理权限和范围。一般地,城市轨道交通运营部门将车站某个作业班次的所有正式人员定义为一个班组,成员主要有值班站长、客运值班员、行车值班员、站务员(站台岗、客服和票务岗)。根据运营特点,车站一般采用"四班两运转"的工作模式,因此,一个车站有四个班组。各岗位主要工作职责如下:

1. 值班站长岗位职责

值班站长是班次的负责人,需要对本班站务人员进行管理,对值班员、站务员的工作进行指导、监督。同时负责对保洁、护卫、商铺人员、施工人员、安检人员等驻站人员进行属地管理。每隔固定的时间间隔要对车站进行全面的巡视,发现问题立即汇报并组织整改。组织车站员工为乘客提供优质服务,处理乘客投诉事件,组织车站的客流。同时还负责监督和牵头本班的票务相关工作,严格执行公司的票务规章制度,确保本班票务收益安全、运作顺畅。当车站发生突发事件、事故时,值班站长负责牵头处置。在车站发生异常情况或突发事件时,及时启动预案,控制局面,减少和避免人员伤亡及财产损失,尽快恢复运营。其具体工作可总结如下:

(1)执行分公司、部、中心、车站的有关规章制度,做到有令必行,有禁必止。
(2)加强班组管理,检查督促本班员工"两纪一化"执行情况。
(3)掌握列车运行情况,安排车站行车组织工作。
(4)加强票务管理,负责车站的车票、现金安全及票款的解行。
(5)接待乘客的来访来电,做好车站客运服务工作,妥善处理各类服务纠纷。
(6)组织全站员工处理事故,恢复车站正常运作。
(7)负责本班组车站值班员、站务员的岗位实作技能培训工作。
(8)正确规范填写车站的各类台账并及时上报。

(9)搞好车站综合治理管理,并积极配合和协调各兄弟部门的工作。

(10)完成上级领导临时交办或外部门需协办的其他工作。

2. 值班员岗位职责

(1)负责车站信号设备、电视监控设备、AFC设备、火灾报警系统、环控系统、安全门系统等设备的监控管理,确保设备设施处于良好的运行状态,并对其显示的信息进行及时的处理。

(2)协助控制中心行车调度员做好信号系统降级操作,行车组织办法发生变化时,按行调的命令做好降级行车组织工作。

(3)负责车站设备设施的故障管理,负责设备故障的登记、报修、检修登记、故障注销等工作,并负责简单故障的处理。

(4)负责按施工计划和相关规定进行施工登记、注销,监控施工过程的安全和施工人员的进出站;负责车站的服务工作,督查指导各岗位站员、保洁人员落实岗位职责,确保车站服务文明规范,设备设施良好,环境卫生符合标准,乘客疏导有序。

(5)负责对车站票款收入进行管理,对车站售票员结账情况进行有效管理,负责站内车票、钱款、报表账本、AFC设备钥匙的保存、管理工作。

(6)负责车控室的管理,控制进出车控室的人员,以保证车控室内良好的工作秩序。

(7)负责车站各房间钥匙的管理,负责钥匙的保管及借用登记。

(8)负责车站重要设备房间的进出管理,控制进出车站设备房间的时机和人员。

3. 站务员岗位职责

车站服务员(站务员,图1-3)是轨道交通行业内直接面对乘客并提供客运服务的人员,其服务包括售票、检票、站台监护、问讯、充值、便民服务等内容。主要分为站厅售票岗、站厅巡视岗和站台监护岗。站务员须执行下列工作任务:

图1-3　地铁车站站务员

(1)负责在售票处售票、检票、处理坏票、补票及处理乘客问询等工作。
(2)负责从售票机收集票款和更换票盒,从出站检票机收票及更换票盒。
(3)负责站厅和站台等处的站务工作,主动向需要帮助的乘客提供服务。
(4)负责车站售票设备和其他设备的操作。
(5)监视乘客客流情况,巡查出入口、站厅和站台。
(6)监控设备的维修情况。

任务 2 班组管理的基本认知

学习要求

1. 了解管理的概念和作用。
2. 了解管理的要素和特征。
3. 了解管理的基本职能、原理和方法。
4. 了解企业管理的概念和要素。
5. 了解班组管理的概念和地位。
6. 掌握班组管理的基本内容。
7. 掌握班组管理的要求。
8. 了解城市轨道交通班组管理的现状和问题。

一、管理的概念和作用

1. 管理的概念

"管理"一词在古老法文中的解释是"领导、执行的艺术",拉丁文里的解释是"以手领导"。在现代,管理是人们在认识并掌握管理系统内在联系和外在环境及其相互关系的基础上,运用各种管理的基本职能,有效地利用管理的基本要素,以达到系统预定目标的运动过程。管理有广义与狭义之分,广义的管理是指应用科学的手段安排组织社会活动,使其有序进行。狭义的管理是指为保证一个单位全部业务活动而实施的一系列计划、组织、协调、控制和决策的活动。其内涵主要包括五个方面:①管理的主体是管理者;②管理的客体是组织资源;③管理总是在特定的环境下进行的;④管理的手段是管理所应有的职能活动;⑤管理的目的是有效实现组织的目标。

2. 管理的作用

管理的意义就是协调某一事务,达成最优结果。其作用体现在以下几个方面:
(1)通过管理可以使潜在生产力变为现实生产力,产生巨大的结构组合效益。
(2)管理是当代人类社会加速进步的杠杆,通过管理会使集体劳动能力总和大于单个劳动能力之和,起到放大生产力的作用。
(3)管理可以协调组织各部分的活动,并使组织与环境相适应。
(4)管理能使组织劳动分工和协作细化,组织规模扩大,生产的社会化程度提高。

(5)管理制约着生产力总体能力的发挥。

(6)管理会使科学技术这个最先进的生产力得到最充分的发挥,两者相得益彰。

二、管理的要素和特征

1. 管理的要素

管理的要素是指管理系统的构成因素,有时亦称管理系统的资源。对于管理的要素,有不同的分类方法。最早人们普遍认为人、财、物是构成管理的三个最基本的要素,后来又加上时间、信息要素,随着社会分工协作的发展、科技进步、竞争的日益激烈以及对管理系统研究的深化,一些重要的、无形的资源也列入了管理的要素。所以,目前比较普遍的看法是把管理要素分为人员、资金、物、文化、技术、信息、时间、组织、环境、社会关系等十大要素。我们按这些要素是否具有实体性,将其大致分为两大类,即有形要素与无形要素。举例说明:

人员这个管理要素是系统中唯一起能动作用并可以决定系统其他要素作用发挥程度的关键的有形要素,它包括管理组织中的管理者和被管理者。需要强调的是,作为管理系统第一要素的人员,在现代社会经济条件下,是指具有一定知识,掌握一定技术技能、劳动技能和管理技能的人。从管理活动来看,组织中的人员可分为两大类——管理者、被管理者,另外还有一类是介于两者之间的中层人员,他们既是管理者又是被管理者。但事实上任何管理者在管理别人的同时,自己也受别人管理。不过相对于一定组织或一定组织层次来看,管理者与被管理者的区分还是显而易见的,所以从任何组织来说,人员大体可分为管理者与被管理者两类。

组织文化则是管理系统中非常重要的无形要素,它是指一个组织在其组织活动中,长期倡导和实践并为全体成员普遍奉行的共同价值观、道德准则、行为规范的总和。组织文化由三个层次的内容组成:一是行为文化,是最表层文化。它是组织文化的载体与外在化,是一种外显文化。二是制度文化,又称规范文化,是中间层文化。它包括组织管理风格、宗旨、目标、礼仪、制度、行为习惯、传统、作风等,它规定着组织每个成员的行为规范,如一个企业的规章制度、管理方式和方法、组织体制等。三是心态文化,是核心层文化,它是组织文化的核心。它包括潜藏在管理者和员工内心深处及组织中的某些思想、意识、信仰、价值观念等。

2. 管理的特征

管理者为了有效地实现组织目标、个人发展和社会责任,运用管理职能进行协调,其基本特征表现为以下几点:

(1)管理具有二重性,即管理的自然属性和社会属性。

(2)管理具有目标性。管理目标是管理活动的基本构成要素,同时它本身也是一个复杂的综合构成。

(3)管理具有组织性。管理的目标与组织的目标往往具有同一性;管理必须以组织作为其运行和实施的载体和依托;管理必须以组织的合理构建作为其有效实施的重要前提和基本职能;管理活动受组织规则和规范的制约,往往需要按照组织的法定程序进行。

(4)管理具有创新性。管理的创新性首先来源于管理环境和条件的变化;另一方面,管理的创新性也来源于管理因素的发展变化和管理方式的不断深化及更新。

三、管理的基本职能

管理的职能是管理过程中各项活动的基本功能,是管理原则、管理方法的具体体现。一般将管理职能分为五项:计划、组织、人员管理、指导与领导、控制。

1. 计划

计划是指为实现组织既定目标而对未来的行动进行规划和安排的工作过程。它包括组织目标的选择和确立,实现组织目标的方法的确定和抉择,计划原则的确立,计划的编制,以及计划的实施。计划是全部管理职能中最基本的职能,也是实施其他管理职能的条件。包括:分析和预测单位未来的情况变化;制定目标,包括确定任务、方针、政策等;拟订实现计划目标的方案,做出决策,对各种方案进行可行性研究,选定可靠的满意方案;编制综合计划和各专业活动的具体计划;检查总结计划的执行情况。

计划职能内容可用"5W1H"来表示(表 1-1):预先决定做什么(What to do),明确所进行活动的内容及要求;讨论为什么要做(Why to do),明确计划工作的原因及目的;决定何时做(When to do),规定计划中各项工作的起始和完成时间;决定何地做(Where to do),即规定计划的实施地点;决定谁去做(Who to do),规定由哪些部门和人员负责实施计划;决定如何做(How to do),制定实现计划的手段和措施。

表 1-1 "5W1H"表

类别	内容		提问	改善
W	What	什么事? (目的性)	要做什么事? 取消不做怎么样? 理由何在?	排除(E)
W	Where	在哪里? (场所)	要在哪里做? 为什么要在这里做? 集中一个地方或者变更地点会怎么样?	
W	When	何时做? (顺序)	在什么时候做? 为什么要在这个时间做? 什么时间做才合理?	结合(C) 交换(R)
W	Who	谁去做? (责任人)	由谁去做? 为什么让他去做? 如果集中一起做或者改变方式会怎么样?	
W	Why	为什么?	专门提问/质疑的工具	
H	How	怎么做? (手段)	如何去做? 为什么要这样子做? 如果换个方法/思路结果会怎么样?	简化(S)

2. 组织

组织是指将为实现管理目标和计划所必需的各种业务活动进行组合分类,把管理每一类业务活动所必需的职权授予主管这类工作的人员,并规定上下左右的协调关系。为有效实现目标,还必须不断对这个结构进行调整,这一过程即为组织。组织为管理工作提供了结构保证,它是进行人员管理、指导和领导、控制的前提。包括:按照目标要求建立合理的组织结构；按照业务性质进行分工，确定各部门的职责范围；给予各级管理人员相应的权力；明确上下级之间、个人之间的领导与协作关系，建立信息沟通渠道；配备、使用和培训工作人员；建立考核和奖惩制度，激励员工。

3. 人员管理

人员管理是对各种人员进行恰当而有效的选择、培训以及考评，其目的是配备合适的人员去充实组织机构规定的各项职务，以保证组织活动的正常进行，进而实现组织既定目标。人员管理与其他职能有密切的关系，直接影响到组织目标能否实现。

4. 指导与领导

指导与领导是对组织内每名成员和全体成员的行为进行引导和施加影响的活动过程，其目的在于使个体和群体能够自觉自愿而有信心地为实现组织既定目标而努力。指导与领导所涉及的是主管人员与下属之间的相互关系。

5. 控制

控制是按既定目标和标准对组织的活动进行监督、检查，发现偏差，采取纠正措施，使工作能按原定计划进行，或适当调整计划以达预期目的。控制工作是一个延续不断的、反复发生的过程，其目的在于保证组织实际的活动及其成果同预期目标相一致。

管理职能循序完成，并形成周而复始的循环往复，其中每项职能之间是相互联系、相互影响的，以构成统一的有机整体。

四、管理的原理和方法

1. 管理的原理

管理原理是从管理学中抽象出来的，作为管理理论的基础，具体来说，包括四大基本原理：

1）系统原理

系统原理是现代管理科学的一个最基本的原理，它源于系统理论，认为应将组织作为人造开放性系统来进行管理，人们在从事管理工作时，运用系统的观点、理论和方法，从组织整体的系统性出发，按照系统特征的要求从整体上把握系统运行的规律，对管理活动进行充分的系统分析，并按照组织活动的效果和社会环境的变化，及时调整和控制组织系统的运行，最终实现组织目标，以达到管理的优化目标。它既可以应用于自然，又可应用于大小单位组织的人际关系之中。因此，我们可以把任何一个管理对象都看成是特定的系统。组织管理者要实现管理的有效性，就必须对管理进行充分的系统分析，把握住管理的每一个要素及要素间的联系，实现系统化的管理。

2）人本原理

人本原理，顾名思义，就是以人为本的原理。它要求人们在管理活动中坚持一切以人为核心，以人的权利为根本，强调人的主观能动性，力求实现人的全面、自由发展。其实质就是充分肯定人在管理活动中的主体地位和作用。同时，通过激励、调动和发挥员工的积极性和创造性，引导员工去实现预定的目标。

然而，任何管理理论的提出都有其阶级和时代背景，人本原理也不例外。随着科学技术的日新月异和经济全球化的到来，各个领域的管理哲学和管理实践都发生了翻天覆地的变化，人本原理也被赋予了新的时代意义。例如关于职工的管理：科学管理研究把劳动者视为生产过程中不可缺少的要素，是机器的附属物；行为管理研究人的动机与需要，把劳动者作为管理的客体;20世纪70年代后对日本经验的分析逐渐形成以人为主体的管理思想,80年代末蒋一苇的论文提出"职工主体论",对人的管理也是为人的管理。现代管理的核心是使人性得到最完美的发展(世上并不存在绝对善或恶的人性,人性是受后天环境的影响逐渐形成的,是可塑造和改变的)。

3) 责任原理

责任原理主张在管理过程中明确人的职责。管理是追求效率和效益的过程,在这个过程中,要挖掘人的潜能,就必须在合理分工的基础上明确规定这些部门和个人必须完成的工作任务和必须承担的与此相应的责任。其内涵包括以下几个方面:

①明确职责。基于合理分工的职位明确责任是挖掘人的潜能的最好办法。职责界限要清楚,职责中要包括横向联系的内容,职责一定要落实到每个人,做到事事有人负责。

②职位设计和授权合理。个人对所负责的事情履行职责,取决于权限、利益和能力三个因素(图1-4)。职责和权限、利益、能力的关系应遵循等边三角形原理:职、权、利是等边三角形的三条边,三者是相等的;能力是等边三角形的高,略小于职责,这能使工作富有挑战性,能使管理者更感恩和谦卑,用权更慎重,获得利益时还会产生更大动力,但能力也不能过小,以免造成"挑不起"职责的后果。

③奖惩要分明、公正而及时。如果奖罚不适当,还不如不做。奖惩是一种激励措施,通过各种有效的激励技巧,达到以小搏大的激励效果。

图1-4 职责三角形

4) 效益原理

效益原理是指组织的各项管理活动都要以实现有效性、追求高效益作为目标。它表明现代社会中任何一种有目的的活动,都存在着效益问题,它是组织活动的一个综合体现。管理效益通常包括:①经济效益,即管理活动在经济上所达到的目的程度,以管理活动的成果与消耗之比表示。不同的管理活动追求的经济效益不同。②目标效益,即管理活动实现管理目标的程度,以管理活动的成果与管理目标要求之比表示。它是一切管理的要求,是管理效益的直接标志。③需要效益,即满足本系统和大系统需要的程度,以管理活动的成果与需要指标之比表示,通常称为社会效益。管理效益原理是人类社会活动目的性和实践是检验真理标准的体现。

以上管理的四大原理中,系统原理是管理的基础,人本原理是管理的主体,责任原理是管理的保证,效益原理是管理的目的,遵循这四大原理的精神就可以建立一个有效的科学管理系统。

2. 管理的方法

管理方法是在管理活动中为实现管理目标、保证管理活动顺利进行所采取的工作方式,是所运用的手段、方式、途径和程序等的总称。管理原理必须通过管理方法才能在管理实践中发挥作用。管理的基本方法包括行政方法、经济方法、法律方法和教育方法。

(1) 行政方法是行政机构通过行政命令、指标、规定等手段,按照行政系统和层次,以权威和服从为前提,直接指挥下属行动的管理方法,具有权威性、强制性、垂直性、具体性的特点。采用这种方法有利于管理系统的集中统一,避免各行其是;有利于管理职能的发挥,强化管理作用;有利于灵活地处理各种特殊问题。

(2)经济方法是组织根据客观规律,运用各种经济手段,调节各方面之间的经济利益关系,以获取较高经济效益与社会效益的管理方法,具有利益性、灵活性、平等性、有偿性的特点。经济管理的方法便于分权,能够充分调动组织成员的积极性和主动性,有利于组织提高经济效益和管理效率。

(3)法律方法是指运用法律这种由国家制定或认可并以国家强制力保证实施的行为规范以及相应的社会规范来进行管理的方法,具有规范性、严肃性、强制性的特点。法律的方法便于维护正常的管理秩序,调节各种管理因素之间的关系,促进社会主义的民主建设与民主管理。

(4)教育方法是指组织根据一定目的和要求,对被管理者进行有针对性的思想道德教育,启发其思想觉悟,以便自觉地根据组织目标去调节各自行为的管理方法,具有启发性、真理性的特点,能够激发人们持久的工作热情和积极性,对其他管理方法的综合应用起着重要的促进作用。

随着社会经济的不断发展,管理的方法呈现出适应新形势下的特点,具体表现为管理数据化、管理系统化、管理标准化和管理民主化。

(1)管理数据化。

现代管理方法把传统管理方法中的定性描述发展到管理的定量计算上,把定性分析和定量分析结合起来,使管理科学化。实践证明,定性分析和定量分析是不可偏废的两个侧面。离开定性分析,定量分析就失去灵魂、迷失方向;而任何质量又表现为一定数量,没有数量就没有质量,没有准确的数字为依据就不能做出正确的判断。

(2)管理系统化。

现代化管理方法广泛采用现代系统理论,把系统分析方法应用于管理,使复杂的问题系统化、简单化。现代化管理方法为管理人员全面地理解问题和解决问题提供了科学的数学模型,实现计划、方案、设计、办法的最优化选择。

(3)管理标准化。

现代化管理方法的运用,可以实现管理标准化。管理工作的标准化,就是按照管理活动的规律,把管理工作中经常重复出现的内容,规定出标准数据、标准工作程序和标准工作方法,作为从事管理工作的原则。

(4)管理民主化。

现代化管理中,不仅充分发挥各级领导和专业管理人员的作用,更加重视调动与发挥全体员工的主动性、积极性和创造性,使全体员工在管理中发挥更大的作用。

 案例分析

蒋华是某新华书店邮购部经理。该邮购部每天要处理大量的邮购业务,在一般情况下,登记订单、按单备货、发送货物等工作都是由部门中的业务人员承担的。但在前一段时间里,接连发生了多次A要的书发给了B,B要的书却发给了A之类的事,引起了顾客极大的不满。今天又有一大批书要发送,蒋华不想让这种事情再次发生。

思考:他应该亲自核对这批书,还是仍由业务人员来处理?

分析重点：管理者的职责是什么？

管理者的职责主要体现在三个方面，即监督责任、引导责任和承担责任。在案例中，虽然出现了很多的配送问题，但解决问题的方式并不应该是经理去亲力亲为，正确的解决方式是更加深入地去监督员工的工作，提高员工的执行力和行动力。在深入基层的过程中不仅可以发现已经存在的问题并予以解决，并且可以针对很多的工作疏漏防患于未然，一举两得。

另一方面，管理者的责任在于引导所负的团队的每个个体配合团队，最大限度地激发他们的潜力，形成向心力，以提高生产效率。每个人的经验不同，对工作的接受度和方法认识都不同，一味地要求和下指令，只会导致效率低下，使队员的积极性降低。所以管理者应该针对员工的具体情况去分析，去帮助他们。①帮助员工找到更好的工作方法，优化工作步骤，完善工作流程，规范工作制度。只有道路明确的时候，人才会端正态度向前走。②去交流，让员工既是你的下属，也是你的朋友。管理者不但需要员工在工作上的执行力，也需要让员工感到管理者是与他们在一起的。③引导工作意识，这是管理者的核心任务，也是团队向心力加强的关键所在。管理者需要用正确的思维去引导队员，去激发士气，去帮助员工提高认识，从而激发他们自身的潜力。

五、企业管理的概念和要素

1. 企业管理的概念

大到国家，小到家庭，都离不开管理，没有管理，就像乐团没有指挥一样，各行其是，步调不一，乱作一团，不要说发展壮大，就是维持现状也是很难的。管理对象不一样，管理的方式方法也就不一样，企业管理是市场经济中最常见的管理学应用，是利用管理学原理和方法对企业生产经营活动进行计划、组织、指挥、协调和控制等一系列活动的总称，是社会化大生产的客观要求。

2. 企业管理的要素

总的来说，良好的企业管理包括三个要素：一个科学的管理理论、一批优秀的管理人才和一套有效的管理机制。理论是方向，没有理论就无从着手管理。人才是工具，没有人才就不能实现管理。机制是保障，没有机制就难于落实管理。

1）理论

理论是搞好管理的先导。一个企业，如果没有一个科学的管理理论，不能从理论的高度预先考虑到可能发生的事情和事情发展的趋势，就会面临许多不可控的风险。所以说，具有科学性的理论是搞好管理的先决条件，是企业管理的第一要素。科学的管理理论，应该以市场为核心，一切都围绕着市场来进行。理论的科学性具体来说是指正确性、完善性、可操作性、时效性和成本控制性。

2）人才

人才是企业管理的第二要素。要管好一切，就需要有管理人才。一个企业，需要什么样的人才，是有具体要求的，这些要求，既有共性的方面，也有特殊的方面。总的来说，作为管理人才，需要具备：

第一,两种精神:身先士卒、以身作则的精神和敢作敢为、不怕批评的精神。

第二,三种知识:基础知识、专业知识和经验知识。基础知识是平台,专业知识是工具,经验知识是捷径。知识是智慧的结晶,智慧是知识的运用,没有大知大识,就难于有大智大慧,也就难以发挥知识的力量。

第三,四种能力:感知判断能力、识人用人能力、团结协调能力和社会交际能力。能力是个人各种素质的综合体现,与其文化水平、思想道德、体质体态、脾气个性和经历阅历等有关。工作要求不同,对人才的能力要求也就不同,不能求全责备。

上述这三点要求只是成为管理人才的必要条件,而不是充分条件,管理还与管理者的个人魅力和管理艺术等有关,因为管理不是静态的、一成不变的,而是活的、动态的、有生命力的。就像一首和谐乐曲,虽然是由简单的乐符组成,但绝不是简单的堆砌,它需要有一种灵魂贯穿在里面。管理也一样,虽然也是由一些简单的东西组成,但也绝不是简单的堆砌,而是需要有管理艺术,即管理者在对客观事物及其发生发展规律充分了解和掌握的情况下,灵活、独特、恰当、巧妙地运用管理策略、方法、手段,它是管理者智慧、才能和胆略的有机结合和综合体现。

3)机制

机制是指一个企业的组织制度,是企业为了实现管理目的而制定的组织形式和工作制度。具有一个和企业的具体管理事务相适应的管理机制,是保证实现管理目的关键所在。机制是企业管理的第三要素,机制如果健全合理,各个管理机关就会在整个管理体系中各司其职,相互配合,相得益彰;反之,如果机制不健全、不合理,职责不清,职权不清,就会造成机构臃肿,人浮于事,效率低下。

六、班组管理的概念和地位

班组管理属于企业管理的重要组成部分,指为完成班组生产任务而进行的各项管理活动,包括组织人力、物力等资源投入生产,制订作业计划,对作业现场进行协调、控制等。

在企业中,纵向结构上呈金字塔形式(图1-5),划分为三个层次:经营、管理和执行。经营层为企业领导决策层,负责企业战略的制定及重大决策。管理层为中间职能部门,负责组织和督促员工保质保量地积极生产市场上所需的各种产品。执行层就是最基层的管理级,即班组所处的位置。

班组是企业的最小生产单位,班组管理是企业管理的重要阵地,而且也是企业生产经营活动的基础环节。只有不断加强班组建设,为班组注入新的生机与活力,才能充分发挥班组的作用,使其更好地为企业服务,树立良好企业形象,提升其竞争力。

图1-5 企业纵向管理层次

七、班组管理的基本内容

班组管理是指班组围绕生产任务,对生产三要素(劳动者、劳动资料、劳动对象)进行有效整合,通过计划、组织、指挥、协调和控制过程实现责任目标所进行的创造性的活动。班组工作具有"上面千条线,下面一根针"的性质,这决定了落实企业各项管理制度和员工参与管理是班组管理的特点,也决定了班组管理是企业管理的基础。班组管理具有广泛性、针对性与时效性的特点,主要包括人员管理、安全管理、生产管理、质量管理、6S管理等。

1. 班组人员管理

从管理的具体对象这个角度来说,管理就四个字:管人理事。企业的竞争就是人才的竞争,人才是企业的根本,是企业最宝贵的资源,班组人员管理是班组管理最重要的内容。班组主要由班组长和组员组成,班组人员管理得好,班组成员工作热情高涨,团结一致,班组就能够高效完成任务;班组人员管理不好,班组成员情绪低落,班组内部矛盾众多,班组的工作效率自然低下。具体来说,班组人员管理包括班组长的选拔、培养,班组定岗定员管理,班组成员心理健康管理,班组成员沟通管理,班组人际关系管理,班组人才发展管理和班组文化建设。

2. 班组安全管理

安全是城市轨道交通运输的质量指标之一。班组安全管理主要包括行车安全管理和劳动安全管理。保证行车安全,是城市轨道交通运输企业的基本要求;确保劳动安全,是职工在劳动中免受伤害的基本权利。两者均关系到职工家庭幸福、企业可持续发展和社会稳定。因此,加强安全管理是班组管理的重要任务。

行车安全管理,是以实现运输安全为目标,对行车安全有关的人员、设备、物品、环境、法律、规章等进行有效控制的过程,是运输企业生产经营活动所不可缺少的要素。通过加强管理,全面贯彻轨道交通行业规章制度,把"安全第一"的方针落到实处,保证旅客的运输安全。具体地讲,就是通过加强管理,发现潜在的行车事故隐患,积极采取预防措施,防止行车事故的发生。

"劳动安全,人命关天"。加强劳动安全管理的目的,就是确保职工的安全与健康。这不仅是企业开展正常生产活动所必需的客观条件,而且是企业管理的一项基本原则和发展生产的重要条件。

> **拓展阅读**
>
> **车站班组建设管理实施办法(摘录)**
>
> 一、组织领导
>
> 为强化对班组安全管理的领导和协调,确保班组安全管理规定的实施,×××成立班组安全管理领导小组,全面领导×××班组安全管理工作,负责班组安全管理工作的总体部署,研究制定班组安全管理工作实施方案,对×××属车站安全管理工作进行组织、指导和检查。
>
> 组长:×××　副组长:×××
>
> 成员:车站站长、×××管服人员
>
> ×××班组安全管理工作由×××管服人员与各车间配合。领导小组下设考评办公室,具体负责班组安全管理日常工作。
>
> (一)×××是班组安全管理的主管部门。×××管服人员负责班组长津贴及班组其他各种奖励的考核兑现;负责班组安全管理的教育培训工作,负责班组安全管理工作的宣传报道,深入基层挖掘优秀班组和班组长事迹,推广先进班组管理方法,营造班组建设的浓厚氛围。
>
> (二)×××属各单位根据业务工作范围,积极认真地配合×××全面推进班组安全管理工作,参加处组织的班组安全管理考核评级。

(三)×××班子成员、×××管服人员要及时参加班组的班前班后会和安全活动,便于及时掌握班组安全管理状况,指导帮助班组提高安全管理水平。

(四)×××将安全生产目标层层分解落实到班组、岗位,严格考核奖惩,严格考核兑现。

(五)×××建立从班组长到每个岗位的安全生产责任制,建立班组安全管理制度。

(六)每月至少组织两次由班组长参加的"圆班会",贯彻上级精神,落实工作任务。

二、班组长管理

……

三、现场安全管理

(一)班组应建立下列记录:车站一日工作记录、安全活动记录簿、安全和业务学习记录簿、签到簿、重点工序安全评估表、定置图。班组还应根据自身工作特点和业务部门专业技术要求建立其他相关记录。

(二)班组必须严格落实班前班后会制度,认真填写班组一日工作记录。根据处、×××生产作业计划,结合上一班作业现场情况,分析可能遇到的事故隐患,安排部署各工种、工序、岗位安全注意事项和安全技术措施,合理布置安全生产任务,认真组织安全"不放心人"排查和安全承诺签字,同班组工作的职工要主动互保联保,相互监督,严格班前班中安全确认。

班组一日工作记录中应体现班前会、站场、设备隐患及排查治理、人员排查、班后会记录,运输生产、施工等作业记录,人员出勤、设备运转、安全培训等信息,做到字迹清晰、内容完整、妥善保存。

(三)班组必须严格执行现场交接班制度,重点交接清楚现场安全状况、存在隐患及整改情况、生产条件和应注意的安全事项,并认真填写交接班记录。

(四)班组必须严格执行隐患排查治理制度,并做好记录,及时告知作业人员。班组长每班(每日)应对作业环境、安全设施和现场作业等进行巡视检查,及时排查治理现场动态隐患,隐患消除前不得组织生产。

(五)以班组为责任主体开展重点工序安全风险评估,按照"停、想、评、定、做"五步,进行评估。班中人员由×××组长(×××或值班员)进行评估。相关岗位作业由作业人员从现场环境、设备设施是否符合岗位作业安全等方面进行评估,并按要求将评估结果填写在重点工序安全评估表中,在安全评估表中签字确认。经评估不具备上岗及作业条件的,必须按规定程序报告,经采取措施整改、重新检查确认合格后方可开工作业。

四、保障措施及检查考核

(一)各车间要积极参加班组长会议,×××每月至少组织两次由班组长参加的"圆班会",学习贯彻上级安全指示指令,总结班组安全管理工作,分析查找存在的问题,提出改进措施和意见。

(二)×××每月对本单位班组安全管理工作进行现场抽查。

(三)×××依据《××检查标准》总结评比、推荐,并对相关车站进行考核。

3. 班组生产管理

作为企业生产经营管理的基础,搞好班组生产管理,对于完成班组的生产任务、加强企业管理、实现企业的生产经营目标具有十分重要的意义。在生产管理过程中,各个班组应根据自己的实际和特点,运用科学管理方法,合理地组织生产活动,充分发挥班组全体成员和设备的能力,用最少的人力、物力消耗创造出最佳的安全和经济效果。

班组生产管理是对班组生产活动全过程所进行的管理,是班组最基本的日常管理活动,一般包括组织、计划、准备、控制四个方面的内容。

(1)组织。

组织是班组生产过程组织与劳动过程组织的统一。生产过程组织就是在时间和空间上合理地衔接与协调产品生产过程的各个阶段、各个工序。劳动过程组织则是正确处理班组成员之间的关系,以及班组与班组之间,班组成员与劳动工具、劳动对象之间的关系。班组的生产组织具有相对的稳定性,但也要根据单位的要求和班组的发展需要做出相应的调整。

(2)计划。

计划是指生产计划和生产作业计划。通过编制与执行生产计划和生产作业计划,充分合理地利用班组的生产能力和各种条件,实现均衡、有节奏地生产,按时保质保量地生产出规定的产品或下道工序满意的产品。

(3)准备。

准备是指工艺技术准备、人力准备、物资能源准备和机器设备准备。这些准备既是班组进行正常生产活动的基本前提,又是完成班组生产计划的必要保证。

(4)控制。

控制是指对生产全过程实行全面控制。从范围上来看,控制包括班组生产组织、生产准备和生产过程的各个方面;从内容上来看,控制包括生产进度、产品质量、原材料消耗、生产费用、库存等方面的控制。生产控制是班组生产管理的一项重要职能,是班组完善生产组织、实现生产计划、提高产品质量、降低生产消耗和产品成本的重要手段。

班组长执行生产作业计划的主要责任:

(1)班组长每天要对工作地点和作业班组的计划执行情况进行检查,掌握生产动态,及时发现生产过程中存在的问题。属于本班组业务范围内的问题,要采取果断的措施加以解决;属于其他车站业务范围内的问题,要及时汇报,以便得到妥善处理。

(2)班组长要检查生产作业准备情况。开工前,要将生产所需的技术文件、工具材料、工艺装备等准备齐全,以确保开工后的生产正常进行。

(3)班组长要根据生产作业计划,合理调配劳动力,特别要注意关键岗位和关键设备人员的缺勤情况;如有缺勤,要及时补上或报告上级及时加以解决。

(4)班组长要开好班前、班后会。在班前会上,班组长要对每个人布置生产任务,传达安全注意事项,做好动员工作,使每个职工做到四个明确(即明确班组的生产任务和奋斗目标、明确工作的重点和技术难点、明确安全生产和劳动保护等方面的注意事项、明确上级对职工的临时性规定和要求);在班后会上,要检查生产作业的完成情况,进行班后总结,主要是通报本班生产作业计划完成情况和进度,分析生产作业中存在的问题,针对存在的问题,进一步强调和明确有关的制度、措施和规定。班后会要做到情况明、问题准、时间短、内容精。

(5)班组长要抓好考核,落实岗位责任制。班组长要认真组织开展班组各项专项管理活动,健全安全、消耗等生产过程的原始记录和台账、资料,准确及时地传递信息,统计公布班组每个成员的任务指标完成情况,进行总结评比,充分调动班组全体人员的生产积极性和创造性。

班组长在执行生产作业计划的生产过程中负有重要的管理责任,具体来说,要抓好以下几个方面的工作:

①开好交接班会。利用交接班会,布置工作,安排计划,检查和掌握生产准备、计划执行情况。

②检查生产进度。检查了解生产进度,掌握计划完成情况,及时协调处理问题,保证生产的连续性和均衡性。

③分析生产质量。按要求召开班组生产分析会,对本班组生产质量状况进行分析,及时发现和解决问题。

④做好信息工作。准确、及时、清晰地填写各种原始记录和报表,按程序要求进行信息传递,保证原始记录有可追溯性。

需要特别指出的是,班组台账管理是生产管理的一个重要环节。台账是根据管理(或统计分析)的需要而建立的一种按时间顺序系统积累统计资料的表册。班组台账是企业生产的原始资料和基础数据库,其重点在于"账"字,即要按时汇总登账。台账管理是班组生产管理的一项基础性工作。

班组台账设置分为两类:一类为生产业务台账,另一类为综合管理台账。班组台账应以生产台账为主,以综合管理台账为辅。生产台账主要用于记录生产任务的完成、设备运行、维修、交接班等情况,记录应尽量翔实,对文件按规定流程进行处理,原则上按照有关专业部门现有要求设置。综合管理台账即班组对党政工团组织所要求的日常及专项管理的记录,主要用于记录班组的政治学习、业务学习、会议精神、奖金分配、经济核算、民主生活、质量管理、党团活动等情况。班组综合管理台账的主要内容有班组长日志、达标考核台账、经济核算台账、综合记录本等。

4. 班组质量管理

班组质量管理是指班组围绕企业产品质量要求,运用传统管理和全面质量管理的方法,对自己生产的产品质量进行有效控制的过程。具体来讲,就是班组职工在产品加工、装配、保管、运输、服务等方面,对每一个环节的质量工作进行计划、组织、协调、控制、检查和处理的全过程。其目的是生产合格产品或提供优良服务,以满足市场和用户的需要。

班组现场是产品和服务产生的场所,其工作水平直接决定着产品和服务的质量。因此,班组长在现场必须进行科学的质量管理,保证产品和服务质量,并组织职工进行质量改进活动。班组质量管理的意义主要体现在:一是培养提高职工的质量意识;二是使职工养成规范操作的良好生产和工作习惯;三是最大限度地避免生产事故和用户投诉;四是保证产品质量和服务质量,提高工作效率。

班组质量管理的主要内容包括:

(1)加强质量教育。班组长一定要把加强质量教育、增强班组成员的质量意识,作为质量管理工作的"第一道工序"来抓。质量教育工作大体上包括两个方面的内容。一是"质量第一"的教育和质量管理基本知识的教育。班组长要善于结合生产班组质量管理工作中存在的问题,从质量形势、质量信息、质量标准等方面增加职工的质量管理知识和增强质量意识。二是技术教育和培训。班组长在组织职工参与企业培训活动的同时,还要根据班组质量管理工作的需要,发挥组织成员之间的互教互帮作用,进行技术基础教育和操作技能的训练,从而提高班组成员的技术业务水平,以达到提高产品质量的目的。

(2)建立质量责任制。要围绕产品质量的检测、控制和实现的全过程中的每个环节的质量要求来进行,做到条例化;还要尽可能地在制度中明确规定有关工作质量的标准,并使之与职工收入挂钩,严格考核。概括起来,在建立质量责任制中,应注意以下四点:

①要分对象、分层次、分工种制定各类人员的质量责任制;

②先从定性开始,然后逐步做到定量化(用数值表示);

③由粗到细,先易后难,逐步完善;

④经济责任制必须以质量责任制为主要内容,进行严格考核和奖励。

(3)搞好现场质量管理。现场质量管理是质量形成过程中的重要阶段,是对生产现场或服务现场进行的质量管理。现场质量管理的目标,是生产符合设计要求的产品,或提供符合质量标准的服务。

5. 班组 6S 管理

6S 管理法最早起源于日本,是日式企业一种独特的管理办法。它是日文罗马标注音标 seiri(整理)、seiton(整顿)、seiso(清扫)、seiketsu(清洁)、shitsuke(修养)和英文 safety(安全)的第一个字母的缩称。6S 活动的目标就是为职工创造一个干净、整洁、舒适、合理的工作场所和空间环境(表 1-2)。

表 1-2 6S 含义与活动例表

名称	要求	目的	做法
整理	区分要与不要的物品,并将不用的物品清除掉,腾出空间	没有无用和多余的物品,尽可能减少半成品的库存数量,减少架子、箱子、盒子	倒掉垃圾,并将长期不用的东西放入仓库
整顿	合理安排物品放置的位置和方法,找东西不浪费时间	决定正确的存放布局,做到必要时能立即取出需要的物品,在提高工作效率的同时,创造安全的工作环境	实行全面定置管理
清扫	彻底清除工作场所内的垃圾、灰尘和污渍,并防止污染的发生	维护机修设备的精度,减少故障的发生;创造清洁的工作场所;早些发现设备的不完善,并及时采取措施	谁使用谁负责清洁和管理
清洁	持续推行整理、整顿、清扫工作,使之规范化、制度化	创造一个舒适的工作环境,持续不断地整理、整顿、清扫,以保持或保障安全、卫生	管理的公开化、透明化
修养	依照规定行事,养成良好的习惯,提升"人的品质"	提高劳动者全面素质,创造能赢得顾客信赖的关系	严守标准和发扬团队精神
安全	消除隐患,排除险情,消灭不安全行为,预防各种事故的发生	保障职工的人身安全和生产的正常运行,减少经济损失	发现安全隐患并及时予以消除

整理:就是将现场的各种物品区分为必要和不必要两类,并将必要的留下来,不必要的从工作现场彻底清除或放置在别处保管。

整顿:就是对必要的物品分门别类,按照规定的位置摆放整齐,并加上标志,放置在作业时方便使用的地方;也可以说,整顿就是放置方法的标准化。

清扫:就是清除工作场所内的污染,并防止污染的发生,保持工作场所的干净,让良好的环境带来良好的心情,以减少甚至杜绝事故的发生。

清洁:是指在上述3S(整理、整顿、清扫)的状态下,保持卫生整洁的生产现场。

修养:也称为"素养"或者"教养",是指培育职工养成遵守规章制度和劳动纪律、讲究卫生、规范作业的良好习惯,营造团队精神。"教养"的内容是养成牢牢遵守已经决定的事情的习惯。

安全:指企业在产品的生产过程中,能够在工作状态、行为、设备及管理等一系列活动中给职工带来既安全又舒适的工作环境。

实行6S管理一是能够提升企业形象,提升职工归属感。二是能够减少浪费,保障安全,提升效率。能够减少资金、人员、场所、效率、成本等方面的浪费;能够使各种区域清晰明了,通道明确畅通,物品摆放有序,为安全生产提供良好的保障。

实践证明,6S活动开展起来比较容易,可以在短时间内取得显著的效果,但要坚持下去,持之以恒,并不容易。很多企业发生过"一紧、二松、三垮台、四重来"和"回生"现象。因此,推行6S,绝不能只是把它挂在墙上当成口号,而是要持之以恒,强力推进。

八、班组管理的要求

班组管理影响着公司生产决策的实施,因为决策再好,如果执行者不得力,决策也很难落到实处,因此,班组管理的好坏,可以直接反映出企业的管理水平。不断提高班组管理水平,加强班组建设,做好班组工作,对促进企业的管理、增强企业的活力、提高管理水平意义重大。实际工作中,要做好班组管理,需要遵循以下四个方面的要求:

1. 人性化管理是加强班组管理的首要前提

基层班组管理的人性化是现代企业管理的发展趋势。其要义在于,通过充分尊重人、理解人、信任人、帮助人、培养人,不断激发广大员工的主观能动性,最终创造出高效优质的产品。

尊重员工的主体意识。生产现场的操作工、维修工是班组的核心组成成员,必须充分肯定他们在班组生产经营活动中的主体作用,充分尊重他们的经验和劳动,及时听取和采纳他们的合理意见及建议,在强化岗位职责的同时,尽可能给予他们最大的工作权限,有效调动其主观能动性,充分发挥其主人翁意识。

注重员工潜能的开发。综合考虑班组员工的技术等级、实际操作水平、文化水平、年龄等因素,合理地搭配和调剂班组结构,将员工进行最优组合,以求相互取长补短,相得益彰。同时搭建班组成员个人成长平台,制定出针对每个员工的职业生涯发展计划,采取"请进来,走出去"等灵活多样的培训手段,鼓励和支持员工学习与业务技能有关的知识,提高整个班组人力资源的使用效率和效益。

营造和谐沟通的班组氛围。除班组正式的、制度化的交流途径之外,班组的管理者还要积极引导,鼓励自发的、非正式的交流沟通渠道,形成一种积极和谐的人际关系,进而增强班组的凝聚力和创新能力。

构建有效的激励与竞争机制。通过灵活的绩效考核办法,采用技能加点、建议加点、创新加点等多种小组竞赛方式,使班组内部成员之间、各工段之间认识到谁挣点越多,得到的激励就越多,反之挣的点少,得到的就更少,而对于违反规定的还要扣分,从而在整个班组内部形成了一种新的竞争机制。

2. 质量化管理是加强班组管理的重要基础

注重引导,提高质量参与意识。通过树立"质量第一"的思想,学习"质量控制"的理论和方法,真正理解"我的一举一动直接影响本工序的质量,而且会影响下一道乃至影响整个操作工序质量而威胁整个作业项目的安全",为形成从"向我要质量"转变为"我要质量"的良好作业意识奠定基础。

加强合作,树立质量监控意识。通过对作业过程的剖析,对生产运行过程中异常情况处理机制的完善,使每个操作人员都能了解自己完成各工序的质量水平高低,进而找到作业关键点,班组长也能全面、理性地了解每个职工不同的特点,根据各关键点"对症下药",进行有针对性的对策攻关,从而显著提高安全监控力度,最终提高并巩固执行作业标准的可靠率。

开展交流,激发质量创新意识。班组成员定期召开小组讨论会议,针对日常生产过程中易出现的质量问题,搭建一个员工之间信息交流与沟通的平台。其次,要通过持续开展 QC 活动,充分调动广大员工关心质量、参与质量管理、解决问题的自觉性与热情。还要认真整理成果材料,积极参加厂内外交流,尽量安排更多的小组参加成果发布会,在与质量专家和优秀团队的交流、探讨中,进一步激发广大员工的荣誉感和进取心。

3. 标准化管理是加强班组管理的必要手段

实现班组管理体制层次的标准化。基层班组管理工作的综合性、群众性、经常性,决定了它是企业中党、政、工、团的一项共同任务。因此,要积极完善班组建设体制,建立健全班组管理的组织领导原则和工作制度,即"行政负责、工会协助、党政工团齐抓共管,通力合作;厂部统一规划、车间具体领导、班组自我管理"。进一步明确班组管理工作责任,强化各级组织和各个方面对班组管理工作的综合指导和支持,形成符合标准化要求的领导体制和管理层次。

实现班组管理制度的标准化。统一、规范各种原始记录,认真做好日常生产状况、生产工艺监控记录,为班组日常管理工作提供可靠依据,切实减轻班组负担。同时把各个班组建设的工作内容进行有机整合,减少不必要的重复设置,保证班组与班组之间管理信息的对称。

实现班组管理民主的标准化。在班组标准化管理工作中,要对班组民主管理的内容、方式等从组织上落实,从制度上保证。一方面通过每天早会、每周班会、每月例会等组织形式,鼓励班组职工参与班组的生产、决策及管理。另一方面还要不断地改进和完善职工意见反馈体系,最大限度地发挥班组成员的积极性、主动性和创造性,使班组每一名成员都能畅所欲言,直抒胸臆。

4. 信息化管理是加强班组管理的有力保障

班组的信息化管理特色如下:

(1)班组管理过程的即时性。采用各种信息管理系统,完善数据源头采集,辅之以大量的数据分析、数据挖掘和数据图像,并通过计算机的网上流转和快速反应,使得信息化班组能够准确及时地核算生产消耗,监控生产过程,在某种程度上实现了对车间生产经营管理的过程日清日结,达到了班组管理的即时性。

(2)班组管理结构的虚拟性。通过在班组内部建立一个内聚性结构,进行计算机网络紧密编织。在班组管理的某些层面实现一定程度的虚拟运作,增加了班组的灵活性和竞争力。

(3)班组管理系统的共享性。通过计算机共享系统,班组有了一定的生产安排和控制主动权,普通班组成员也能够独立完成某些需要其他工种配合才能完成的任务,使班组管理工作更具连贯性,从而避免了工作失误。

九、我国城市轨道交通班组管理现状和问题

目前我国城市轨道交通运营企业普遍处于初期阶段,管理基础和经验相对薄弱,基层管理能力与企业快速发展的需求存在差距。如何系统提升基层班组管理水平,已成为行业的共同课题。当前,行业内普遍存在的班组管理方面的问题有以下几点:

(1)班组长能力有待提高。各地城市轨道交通高速建设,新职工数量大幅度增加,员工平均年龄小、思想活跃、独立性强,但是工作能力有所欠缺。

(2)班组发展不够平衡,建设不够全面,管理缺乏系统化、体系化思维。

(3)班组团队建设往往流于形式,成果导向性不强。

(4)班组团队建设缺乏长期目标和持续改善的理念,想一步到位建设完美班组却在过程中找不准着力点。

(5)班组团队建设考核评价体系不全面、不完善。

(6)班组成员多处于被动管理中,主动管理、自我管理意识不足。

其中,班组长是班组管理的核心,规范班组管理,提高班组长素质,是轨道交通班组管理的重点工作,抓好班组及班组长的工作对促进车站"两个文明"建设将起到决定性的作用。

城市轨道交通运营具有很强的服务属性,以车站班组为例,在城市轨道交通运营过程中,车站班组始终是服务乘客最为直接的负责部门。但是,通过对传统城市轨道交通车站班组管理情况调查发现,由于人才选拔机制以及内部激励机制不够完善,班组成员服务意识和服务水平普遍较低。在此背景下,需要充分发挥班组长的价值,尤其是强化班组长在规范班组成员日常行为和对班组成员进行思想教育等层面的作用,整合优化现有班组队伍,这不仅有助于改善车站班组服务水平,同时还将促进城市轨道交通运输业走向良性发展。

城市轨道交通车站班组长的工作内容主要包括思想教育、规范行为、端正态度等方面。首先,班组长作为城市轨道交通车站班组的直接负责人和管理人,要能够严格按照车站的规定、规章、制度、流程来规范班组成员的日常工作行为,同时,班组长要充分发挥模范带头作用,积极为班组成员做好榜样,不断引导其就自身服务意识和服务水平进行提高;其次,基于现代管理理念,城市轨道交通车站班组长要具有一定的辩证意识,要能够辩证看待各种日常工作问题,并通过"四问""五看"全面观察员工工作细节,及时给予班组成员适当帮助并最终确保班组日常工作的稳定性;最后,作为车站服务水平的最直观体现,班组长要以身作则,不断带领班组成员提高自身业务水平,尤其是在现代廉政建设要求下,班组长要清正廉洁,严格律己,以理服人,不断打造一支服务水平更高的班组队伍。

一个班组中的领导者就是班组长,班组长是公司生产管理的直接指挥和组织者,也是企业中最基层的负责人,属于兵头将尾,既是承上启下的桥梁,又是员工联系领导的纽带,职位不高,责任重大。车站作为城市轨道交通运行过程中重要的节点之一,使用频率极高,是容

易出现服务隐患的环节,其日常管理的高效与否直接决定运营服务质量的高低,因此城市轨道交通运营企业对车站班组负责人等基层班组长的综合素质和能力的要求很高。

拓展阅读

班组管理十大制度

一、班组例会管理制度

实现有效管理,促进室内部上下的沟通与合作,提高室内各小组工作的效率,追踪各小组工作进度,集思广益,提出改进性及开展性的工作方案,协调各小组的工作方法、工作进度,进行人员调配及优化。

二、班组计划管理制度

包括周计划、月计划和年度计划。班组长要定期对班组计划的实施情况进行监督,对实施过程中出现的问题要及时处理,发现计划有缺陷要及时与其他部门或班组成员进行沟通。

三、班组质量管理制度

质量是企业管理的生命。班组要建立、实施质量管理体系和运行机制来推动班组工作的完善和深化,逐步建立起适应数据业务需求的服务新体系。质量管理是一个持续改进的过程,需要全体班组成员日常工作中紧紧围绕班组标准化工作,即流程规范化、服务标准化、管理标准化这个中心。

四、班组创新管理制度

通过对创新活动的管理,树立全方位创新理念,建立创新机制,倡导学习和提升个人工作技能,利用资源配置上的倾斜,加强班组成员创新方面的训练,提升员工创新技能。

五、班组学习制度

通过有计划、有目的地组织班组内部学习,促进班组成员掌握新知识和新技术,提高班组学习力、创新力和凝聚力,为打造学习型、创新型班组奠定良好基础。通过组织班组学习,可以使全体成员全身心投入,不断提升学习能力;体验到工作中的生命意义;扩展未来能量。

六、班组文化建设制度

班组文化是整个班组存在和发展的原动力,有利于增强团队凝聚力,调动成员积极性,激发成员工作热情,提高整体工作效率,从而打造团结高效、蓬勃向上的团队。

七、班组沟通制度

建立和完善有效的沟通制度,使消息能够及时地上传下达,形成室经理与员工之间、员工与员工之间的开放、自由、充分的沟通机制,从而提升班组凝聚力,提高工作效率。

八、班组激励制度

实施班组激励管理,旨在加强员工对企业文化的认知,激发员工工作热情,增强集体凝聚力,建立团结高效、蓬勃向上的团队。班组激励的原则:公平公正原则、及时激励原则、形式多样原则、持续激励原则。

九、班组财务管理制度

班组财务管理能将绩效管理和战略执行力有效结合,从而保证战略方针的贯彻执行和预定经营目标的最终实现,是现代企业管理的重要手段。制定班组财务管理制度可进一步提高班组预算管理意识,规范班组预算执行行为,以规范班组日常财务工作的运行。

十、班组现场管理制度

通过实行现场管理制度,可以使班组中的每位员工在工作的每一步流程中,养成6S管理的职业习惯,尽可能消除企业在运营过程中可能面临的各类不良状况,形成制度性的清洁,最终提高员工的素养。

思考与练习

1. 班组的定义、特点是什么?
2. 班组的作用和职能有哪些?
3. 什么是管理?
4. 管理的基本职能有哪些?
5. 简述管理的原理和方法。
6. 班组管理的概念和地位是什么?
7. 班组管理的基本内容包含哪些?
8. 如何做好班组管理?

项目 2　班组人员管理

项目思政

　项目概述

城市轨道交通运营管理工作专业分工细,岗位设置多,班组管理是一项基础性强、任务繁重的工作,涉及人员管理、安全管理、生产管理、质量管理、6S 管理等内容。其中,人员管理是最重要的,不论是制度的制定和遵守,设备的操作和检修保养,还是材料的验收把关,以及作业方法的遵守和改进,都要依靠员工的智慧和积极性。企业千条线,班组一针穿。企业所有的管理活动最终都要落到班组每一个成员身上,班组生产作业活动的质量和员工队伍的素质是企业生产经营活动质量的决定因素。因此,要加强班组建设,就必须重视班组人员的管理,把全面提高班组员工素质作为一项重要工作来抓。俗话说"兵熊熊一个,将熊熊一窝",班组长作为班组的直接领导,是一个班组发展的灵魂,起着承上启下的作用,一个好的班组长能够使自己的团队士气保持良好的状态,使员工在生产工作中产生"1+1>2"的效果。人都是感情动物而不是工作的机器,对于班组员工来说,日常生活中的情绪很可能会影响工作,因此企业应该站在员工的角度考虑,为员工创造尽可能人性化的生活条件,同时进行精神文明建设,培养班组员工强大的心理力量,使其能够更加适应工作环境,不断迎接新的挑战。

本项目分五个部分介绍班组的人员管理。第一个部分主要是讲解班组长的选拔与培养,包括班组长的角色定位、胜任力要求、选拔标准和培养方法;第二个部分主要是讲解岗位与人员管理,包括定岗定员管理、出勤管理、员工技能管理、后备人员管理和补员与轮岗管理;第三个部分主要讲解人际关系管理,包括人际沟通和人际冲突的处理;第四个部分主要讲解员工心理健康管理,包括心理健康的定义和标准、影响员工心理健康的因素以及心理健康管理的方法;第五个部分讲解的是班组员工的精神文明建设,包括社会主义精神文明建设的概述、职业道德教育以及特色班组的创建。

教学目标

1. 学习目标：
- 了解班组长的选拔和培养方法。
- 掌握岗位人员管理、人际关系管理和心理健康管理方法。
- 了解班组精神文明建设的意义。

2. 素质目标：

培养创新精神，提升综合素质，熟练掌握班组管理的各类知识、技能，严格执行班组管理工作程序、工作标准，提升班组管理工作水平和效率。

任务 1 班组长的选拔和培养

学习要求

1. 了解班组长的概念、职责和权力。
2. 掌握班组长的胜任力要求。
3. 了解班组长的选拔标准。
4. 掌握班组长的培养方法。

一、班组长的角色定位

1. 班组长的概念

班组长是指在生产现场，直接管辖所在班组生产作业员工，并对其生产结果负责的人。管理控制的幅度，因公司及行业区别而有所不同，而其称呼也有所不同，有组长、班长、领班、拉长等称谓。班组长一般由主管任命或群众推选，经现场、车间主管批准产生。班组长的工作是将生产资源投入，以生产出成品的管理，即对现场的作业人员、材料、设备、作业方法、生产环境等生产要素，直接指挥和监督，以达到企业的各项管理目标。

对企业来说，班组长是基层的管理人员，直接管理作业人员，是 Q（品质）、C（成本）、D（交期）指标达成的最直接的责任者。对上级主管人员来说，班组长是主管人员命令、决定的贯彻者和执行者，同时对自己的某方面工作起着辅助和补充作用。在现场管理过程中，班组长既是管理精神传播的窗口，又是主管与作业人员沟通的桥梁。而对于班组成员来说，班组长是他们的一线指挥者，是直接带领组员从事一线工作的实践者、组织者。因此，班组长通常被比喻成"兵头将尾"（图 2-1）。

2. 班组长的职责

班组长影响着企业生产决策的实施，因为决策再好，如果执行者不得力，决策也很难落到实处，班组长影响着决策的实施，影响着企业目标的最终实现。作为承上启下的桥梁、员工联系领导的纽带，班组长还是上下级之间、班组之间和班组内成员之间等内外部多种关系的交汇点。除此之外，班组长具有组织者和一线劳动者的双重属性，既是技术骨干，又是业

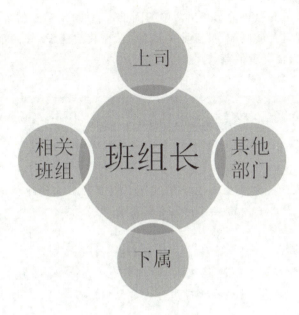

图 2-1　班组长地位

务上的多面手。在城市轨道交通运行中,值班站长等班组长处于生产最前线,贯彻落实上级精神和指示,指导班组作业和工作分配,履行了班组管理的主要职能,发挥了主导、执行和协调的三大作用。

班组长根据工作实际大胆建言献策,当好上级领导的参谋和助手,并积极带领班组成员优质高效地完成各项生产和管理任务。其工作职责主要包括日常管理、安全管理、团队建设等方面。

(1)日常管理:包括人员调配、排班、考勤、员工情绪管理、技术业务培训以及生产现场卫生清扫、班组建设等。班组长应认真安排班组生产,编制和落实生产作业计划,做好人力、技术、材料、设备、场地等主要环节的生产准备工作,带领班组成员严格按照安全制度、技术规程、工艺标准从事作业,实现均衡生产,达到优质、高效、安全、低耗的目标。

(2)安全管理:班组长应在保证安全的前提下,坚持以生产经营为中心,发动班组成员制定切实可行的安全管理制度,包括现场作业控制、安全风险管理,以及人员、设备、工具材料管理,产品质量控制等。

(3)团队建设:提炼班组精神、建设团队文化,深化民主管理、凝聚团队合力,引导班组职工以饱满的热情、健康的心态,积极主动地完成各项工作任务。特别是要做好思想工作,依靠和发挥党、团、工会小组长和班组骨干的积极作用,紧密结合生产经营实际,认真地做好班组成员的思想工作,促进班组团结,建设优良班组风气。

对于车站班组长,其主要工作职责如下:

(1)辅助区域站长。在区域站长领导下,组织本班组员工开展车站各项工作,及时、准确地向区域站长反映工作中的实际情况,提出自己的建议,并负责向班组员工传达上级的指示精神。

(2)开展和管理班组日常工作。开展和管理本班日常工作,指挥本班组员工高效率地完成上级下达的各项任务,并对班组员工进行工作考核,负责督促班组员工严格遵守各项规章制度，及时掌握班组员工的思想动态和生活中的困难，调动班组员工的工作积极性。

（3）其他工作。班组人员调配、员工业务培训、思想政治建设、外协单位联系、车站综合治理都属于值班站长日常管理的范畴。

> **拓展阅读**
>
> **客运班组长的"24小时"**
>
> 客运一线班组长承担着车站日常运作管理、安全生产管理、车站人员管理、突发事件应急处置等重要职责，运营生产责任重大。在日常工作中，除了丰富的管理经验、充足的业务储备、灵活的应急处置能力外，还需具备高度的敬业精神和奉献意识，全身心投入到日常运营生产工作中，筑牢车站运营的安全防线。
>
> 06:00—00:00:
>
> 每天清晨，当地铁车站出入口卷帘门徐徐打开，便同样开启了车站班组长忙碌的一天。每两小时一次的设备巡视、安检巡视、环境巡视、班前会议、台账填写、乘客事务处理、紧急情况应对，等等，每一个琐碎工作均需他们用心对待、认真处理，方能保障车站运作正常。
>
> 00:00—06:00:
>
> 即便午夜降临，地铁车站里依旧灯火通明，忙碌的客运工作结束后，还有更重要的任务。夜间施工检修安全卡控、设备巡视、员工业务培训以及次日的运营前检查，等等，相比白天的工作，夜里的任务更需要谨慎处理，运营安全容不得半点马虎。
>
> 除了车站的运营管理以及人员培养工作，打铁也需自身硬，班组长们常常利用业余时间，加强自身业务能力提升，研习各类规章、题库，学习、借鉴同行业车站的管理经验，参加各类竞赛、比武，让自己的管理能力与专业技能双在线、同进步。
>
> 对每一位班组长来说，24小时开机、随时待命是工作常态。车站大大小小的事务，事必躬亲，车站（班组）员工的技能水平，时常督促提升，只为将车站——这第二个"家"，维护得更安全、更舒适、更和谐。

3. 班组长的权力

班组长是班组的直接领导者，是生产现场的直接组织者和统一指挥者，是当班现场安全生产的第一责任者，"官"虽不大，但对身边一线职工最具影响力，没有一定的权力，班组长履行其职责就成为一句空话。城市轨道交通企业班组长是经单位人事部门正式任命的基层管理者，基于企业的任务目标，加强班组管理，维护良好的工作秩序，提升工作效率。其权力包括以下几个方面：

1）指挥管理权

班组长有权指挥管理本班组的生产经营活动，主要包括：有权安排生产计划、分解指标，有权布置工作、分配任务，有权临时处置、调度生产，有权内部协调、发出指令等。班组长在行使指挥管理权时，必须执行车间制订的作业计划，落实车间下达的生产指标，保证上下工序之间的生产衔接，服从企业指挥系统的统一指挥。

在指挥管理生产经营活动的过程中，班组长要认真抓好生产前的准备工作、生产中的信息反馈和薄弱环节及生产后的总结这三方面的具体工作,使得人机最佳结合,取得最好的效果。

2) 劳动组织权

班组长的劳动组织权是指班组长有权根据生产经营活动的需要调整本班组的劳动组织,调剂劳力余缺,改进劳动组织,实现组织结构的优化组合;有权批准组员假期,安排替班倒休;有权执行劳动纪律,维护生产秩序等。劳动组织权属于机构赋予的法定权力的一种。

班组长在行使劳动组织权时,必须贯彻执行企业和车间制定的劳动定额、统一的考勤制度、作息时间和劳动纪律的有关规定。在充分调动职工积极性、挖掘劳动潜力的基础上,合理地安排和组织劳动力。

班组长在进行班组劳动管理时,要积极学习、推广满负荷工作法,注意培养多面手,有条件地实行综合派工和分片包干作业,努力实现工作时间满负荷和劳动定额满负荷。

3) 制度完善权

班组长的制度完善权是指班组长有权根据单位的规章制度制定本班组工作的实施细则。主要包括:贯彻企业和车间有关专业管理和民主管理的实施细则;实行经济责任制的实施细则;制定各工种岗位责任以及适用于班组的某些制度。班组长制定贯彻规章制度的实施细则,要把企业和车间的有关制度同班组的实际情况结合起来,既不要另立章程,与统一的制度相抵触,又不要照抄照搬,搞得十分繁杂。

要着重于明确目标,规定程序,落实责任,以求做到:事事有人管,人人有专职,管理有章可循,考核有理有据。各项实施细则的制定,必须经班组民主讨论通过,坚持从员工中来,到员工中去,使各项制度建立在科学、民主的基础上。

4) 制止违章权

班组长有权拒绝违章指挥和制止违章作业。一般所采用的方法是:

① 通过正常渠道制止违章。

对于领导或管理部门的违章指挥,要善于运用劳动、安全等法规和企业有关制度,通过正常的管理渠道向上级和主管部门及时反映,以求问题得到迅速的解决,可采用口头反映、书面报告的方式提出正当的理由和建议。

对危害性大、一时来不及汇报的,要采取果断措施,保护现场,报请有关部门处理。

② 停止异常运行,拒绝违章指挥。

当设备运转不正常,影响产品质量或威胁人员安全时,有权停止设备运转;当工艺文件不齐全,主要设备和原材料没有使用说明书或合格证时,有权拒绝生产;对危及设备和人身安全的违章指挥,有权拒绝执行;对由此而遭到的打击、报复可越级向上级反映,依靠组织予以揭露,直至诉诸法律。

③ 采取果断措施,制止违章作业。

发现职工违反操作规程,进行违章作业时,可以使用命令的方式加以制止,当提出正确意见而被拒绝接受或危及生产和安全时,有权令其停止工作,直至隐患消除为止。

5) 奖罚建议权

班组长有权向上级提出关于本班组职工的奖罚建议。行使这项职权时,要以事实为依据,不夸大功过,并集中反映班组多数成员的意向,不擅自主张,不脱离群众。对职工的奖励建议,包括物质奖励方面的工资升级、发放奖金及奖品等;精神鼓励方面包括授予先进荣誉称号和记功。属于上述性质的奖励建议,通常要结合企业组织开展的选拔、评比活动,根据群众评议或创造的优异成绩,向上级申报和推荐。对员工的惩罚建议,包括经济处罚方面的工资降级、一次性的罚款或赔款,以及行政处分方面的记过处分等。属于上述性质的惩罚建议,通常要根据员工本人违章违制和违纪违法的事实向上级申报,既征求群众意见,又允许当事人澄清事实和申诉。

在班组内,日常的增加和扣减奖金与浮动工资,给予表扬与批评,多系按劳分配范畴和日常思想工作,一般不属于对职工的奖罚,也无须向上级提出奖罚建议。需要向上级提出惩罚建议时,对有关人员要加强教育、耐心帮助,促进其提高认识、改正错误。

6) 奖金分配权

班组长有权按照企业经济责任制的规定,对本班组的奖金进行分配。这主要包括:制定班组内部奖金分配方案,对组员的劳动成果进行定量和定性考核。班组长行使奖金分配权,要完善以承包为主要形式的经济责任制;要坚持按劳分配,不搞平均主义。

7) 举才推荐权

班组长有权推荐本班组优秀职工参加学习深造或提升、晋级。行使此项权力时,要注意抓住以下三个环节:

① 积极鼓励。鼓励班组成员掌握多种文化知识和生产技能,走岗位成才和自学成才之路,动员他们参加企业举办的各种培训班,并积极推荐思想好、作风正、工作成绩显著的生产骨干报考大专院校和成人高校,为他们的深造学习创造必要条件。

② 输送人才。不但要积极创造条件,而且要提供机会,使班组职工成为某方面的专门人才。当他们成熟且企业又需要时,还要从全局出发积极推荐和输送人才。

③ 合理建议。工资晋级关系职工切身利益,班组长在处理这类问题时,必须既要积极争取,又要公平合理,除坚持原则,执行有关政策和规定外,还要根据职工的一贯表现、劳动态度和贡献的大小,进行合理评议,以求全面准确地反映其工作业绩。

8) 维护利益权

班组长有权维护职工的合法权益,主要包括维护劳动合同、承包合同、劳动保护、环境保护、安全生产、工资待遇、生活福利、发明创造、劳动休息、民主监督、民主管理等方面的职工合法权益。班组长要行使维护利益权,必须自己做到:

① 学法懂法,依法行事。要熟知有关法律、法规、法令和企业的有关规章制度,依法说话,依法申诉,依法维护。

② 据理申辩,争取支持。对侵犯员工合法权益的人和事,应在弄清事实、辨明是非的基础上向有关领导据理申辩,争取支持。

③ 坚持原则,扶正祛邪。对侵犯职工合法权益坚持不改,甚至打击报复者,勇于抗争,必要时依法上诉。

班组长的上述八种权限,实质上是指挥生产经营、管好班组、维护员工合法权益之权,这也是权、责、利三者的有机结合。班组长的权力,归根到底,是企业和员工赋予的,因此,只能是也必须是用这八种权力为企业和员工服务,而不应有什么私心杂念。

当前各大城市轨道交通线网规模不断扩大,新职工数量大幅度增加,城市轨道交通员工的平均年龄较小,思想活跃,独立性强,但是工作能力有所欠缺,这时班组长的学识、能力等个人专长及个人影响力在解决班组问题中的作用就越发凸显。良好的个人魅力、较强的应变能力和创新能力,不仅能够使班组长通过职位权力向班组成员布置工作任务,还能通过向下属施加影响力,激励班组成员高效完成工作。赋予班组长应有的权力,不但是搞好班组建设的需要,也是推进企业改革发展的需要。

二、班组长的胜任力要求

班组长"官位"不高,责任却一点也不小。一名优秀的班组长必须具备相当的能力与素质,这样才能管好班组,为企业效力。

综合分析发现,城市轨道交通管理的一大瓶颈就是基层管理者的胜任能力存在不足,管理基础不够扎实。如果不能有效地解决这个问题,必将给轨道交通企业安全运输生产带来隐患,进一步影响到企业的改革和发展。班组长是最基层的管理者,不断提高其综合素质与能力,使其满足行业企业改革发展的客观要求,是每一个城市轨道交通运营企业都面临的十分紧迫的任务。

从轨道交通发生的事故中暴露出,目前的执行系统效率由上至下呈逐层递减之势,而反馈系统则由下至上同样在逐层递减,这个问题解决不好,企业的良性发展就难于实现。再好的决策,没有足够的执行力是不能圆满实现既定目标的;反观,执行力不足,逐层反馈的信息递减,必将影响决策层做出科学合理的决策。所以,企业要发展壮大,基层的执行力至关重要,而提高执行力的关键在于提高班组长的能力素质。

管理学家通过对班组长胜任力建设的研究与实践经验,认为一个合格的班组长的素质应该包含六个方面的内容:知识、技能、素养、思维、品格和价值观。

知识和技能作为班组长的必备素质是浮在冰山上的,是直观、看得见的,而素养、思维、品格和价值观是看不见的,但是这些素质都是支撑班组长能力素质的基础,是核心要素。作为一个班组长,应该具备哪些素质?应该如何提高管理效率,或者说如何提高执行力呢?

1. 班组长必备的能力

1)专业业务的能力

班组长日常管理工作的重点集中在一线管理与操作上,其是否具有专业技术方面的能力至关重要。班组长只有成为业务尖子、行家里手,具备指导解决一定工作区域业务的能力,在管理下属员工时才具有较高的权威性。因此,班组长在自己所管辖的团队里,业务(包括人员管理、设备、原料、方法等方面的业务)应娴熟,并能够科学指导下属,提出合理化建议,帮助其在具体的工作中做出正确判断。

城市轨道交通企业以安全为第一要务,要保证安全持续稳定,必须避免"外行管内行",班组长要认识到专业业务能力在管理中的重要性。班组长一般都是由技术能手转变为管理者的,其自身也应该有提升专业知识的内在渴望,因此,无论是岗位的要求还是内在的渴望,班组长提高专业能力是非常必要的。

2)情绪管理的能力

每个人都有情绪。情绪是人对外界环境是否符合个人需求而产生的主观体验,满足需求会产生积极体验,背离需求则产生消极体验,这是生命体鲜活的特征。情绪管理是心理健康中的重要内容。研究证实,情绪管理能力可预测主观幸福感,它标识了一个人人格的成熟度,也决定了一个人社会适应的好坏。情绪管理技能是指对情绪的一些自我管理的能力。情绪管理即以最恰当的方式来表达情绪,如同亚里士多德所言:"任何人都会生气,这没什么难的,但要能适时适所,以适当方式对适当的对象恰如其分地生气,可就难上加难。"

观察发现,员工的思想情绪对班组管理有很大的影响。因此,班组长不仅要调节控制好自身的情绪,还要时刻关注关心班组成员的情绪,充分发挥员工情绪在班组管理中的积极作用,扬长避短,克服消极情绪所造成的管理过程中的内耗。

3)目标管理的能力

目标管理是以目标的设置和分解、目标的实施及完成情况的检查、奖惩为手段,通过员工的自我管理来实现企业的经营目的的一种管理方法。就日常管理工作而言,班组长可以针对一项具体工作任务设定任务主题、完成时限与具体任务量,以提高下属员工的参与意识。在处理业务时,设定主题、时限、数量等具体的目标,提高员工的参与意识。

绩效管理是基层管理常用的方法,从目标制定开始,到绩效实现为止。因而,班组长的首要职责就是做好绩效管理,保证目标实现。绩效管理是一种用来确保职工的工作活动及其结果都与班组目标保持一致的手段。简单地说,绩效管理就是提高职工的能力与素质,帮助职工按班组要求完成任务的活动。当然,绩效管理不仅强调结果的最终实现,保证完成任务,也重视达成目标的过程,强调任务完成过程中的沟通辅导与职工能力提升。绩效管理要特别注意两个方面:一是要严格遵循班组绩效管理的三个原则:即科学合理原则、全员管理原则、公平公开原则;二是制定绩效目标与计划要做到目标分解、责任到人,实现"人人头上有指标,人人身上有责任"。

4)问题解决的能力

问题解决的过程可以分为四个阶段。第一,形成问题的初始状态(也称问题的理解阶段)。首先要把问题空间转换到工作记忆中,即在工作记忆中,对组成问题空间的种种条件、对象、目标和算子等进行编码,建立表征。第二,制订计划。制订计划就是从广阔的问题空间中搜索出能达到目标的解决方法,也就是从长时记忆中搜索出与解决问题的方法有关的信息。如果搜索出过去解决同类问题的办法,就可以利用这种方法成功地解决当前问题,否则,就要探索其他方法才能解决问题。第三,重构问题表征。第一阶段建构的表征,对于执行计划是不充分的,这就必须重构问题表征。重构的问题表征与建立的初始问题表征在许多方面有相似之处,但有时需要摒弃初始问题表征,而建构新的表征。第四,执行计划和检验结果。把解决问题的计划、方案在实际中加以操作,这样的过程就是执行过程。

班组长应具有及时发现问题、解决问题的能力,也就是能够对阻碍完成任务目标的问题有所预见,通过调研与分析找出原因,并采取相应对策加以解决。

5)组织管理的能力

组织管理的能力是指建立能够快速应对外在环境改变的团队战斗力的能力。为了达成部门的目标,班组长需要根据班组每一个成员的特点进行任务的分解,调动全体人员的积极性,同心协力,发挥班组最大能量。

6)沟通协调的能力

有管理学统计表明,基层70%的矛盾冲突来源于沟通不畅,班组长70%的管理时间用于沟通,70%的优秀班组长都是沟通高手。

班组长要经常主动与团队成员沟通,让他们清楚你要做什么,团队要怎样做;班组长要主动与上级沟通,让他们清楚你做了些什么,存在哪些问题,有哪些问题需要上级解决,有哪些问题必须及时解决。

良好的沟通协调能减少摩擦、融洽气氛、提高士气,有助于构筑良好的信赖关系。为了能够进行直接的意见沟通、交流必要的信息,班组长应该具备高度的说话、倾听、商谈及说服对方的能力。如幽默可以使工作气氛变得轻松,使人感到亲切。在一些令人尴尬的场合,恰当的幽默就可以使气氛顿时变得轻松起来。利用幽默批评下属员工,便不会使其感到难堪,并能让其心悦诚服。交流能力随着工作经验的积累会逐渐提高。

7) 指导培养下属的能力

班组工作是由班组长主导、组员协同来共同完成的,因此培养班组人才是巩固企业基层管理的核心工作,指导培养下属也是班组长的本职工作之一。为了顺利地开展日常业务和传授其必要的知识及方法,班组长应该及时指出员工在工作意识和行动上的不足之处,使其理解工作的定位、重要性,提高他们的工作效率。

班组长不仅要具备优秀的领导能力,还要有高于其他员工的修养和素质,才能更好地管理班组,带动班组实现优秀班组的成功创建。

8) 团队建设的能力

团队建设是为了实现团队绩效及产出最大化而进行的一系列结构设计及人员激励等团队优化行为。实现企业任务目标,根本来说需要依靠高效的团队来完成。班组长应掌握必要的团队建设技能,在班组共同拟定目标之后,考虑怎样去实现目标。撇开技术的因素,实现目标最根本的支撑就是团队精神。一个人困在沙漠里,要想走出来,除了必须有前行的目标外,最重要的是要有走出来的信念与坚韧不拔的品性,班组目标的实现也是一样。团队精神是团队建设的核心要素,是为了实现团队目标而尽心、尽力、尽意的作风展现,它决定着团队建设的成败。班组长要以身作则,成为实践团队精神的楷模,宣贯团队精神,使它内化于心、外化于行,让班组成员能够内心认同、外在实践。

9) 开会的能力

提升管理水平的一个重要环节就是开好工作会。开会不是上层管理的专利,就班组而言,有效的会议是有序管理的基础。班组会议主题要明确,针对性要强,要避免召开"文山会海"、脱离实际的会议。

(1) 总结会。班组长要结合不同时期相关要求,结合班组苗头性、倾向性问题深入总结,提出明确要求,要向班组成员传递问题方面的警示信息,引导班组成员警醒。

(2) 安全会。班组长要善于把握内外部环境变化构成的安全隐患,以相关通报或班组实际问题为切入点,找准位置,把握关键,提高职工的安全防范意识和主动性。

(3) 学习会。政治学习要学会定位,学会结合讲解,要把大政方针、政策与班组、职工实际结合起来进行学习讲解,避免照本宣科。业务学习紧贴实际,可请站段、车间或本班组技术骨干授课,也可组织在生产过程中学习。

为使每一场会议都能达到预期效果,班组长在会前的准备工作非常重要。如果会议是为了解决一两个问题,那么应该对问题的全过程有充分了解,并对解决问题的可能方式有所考虑。

班组长组织会议要善于引导,要时时把班组成员的注意力吸引到主题上来;如果会议出现东拉西扯的情况,必须硬性制止,而后加以提示、引导和启发,使其很自然地回到主题上来。会议结束之后,要有明确的结论总结,否则就会失去会议效果。

2. 班组长必备的素养

素养是指人在生活中经修习而养成的一些稳定的行为特征,它是人形成某种能力的前提条件,是人们实现自我发展的基础。管理者素养是可以通过后天努力培养形成的,班组长必备的素养包括以下几个方面：

1）政治素养

政治素养主要是指在政治立场、政治品质和政治水平等政治素质方面的修养。作为兵头将尾的班组长，首先要具备良好的政治素养，有坚定正确的政治方向和信仰，包括严格执行政策，严格遵守党规党纪，坚持实事求是、唯物辩证的观点。

2）道德素养

一个人的道德素养表现在按一定的准则自觉地支配自己的行为，它体现着人的意志品质，良好的道德素养能展现出高尚的风貌，能产生吸引力和感召的力量。当好班组长在道德素养方面最重要的是要做到以下三点：

①廉洁奉公：班组是一个工作群体，许多物质利益分配工作要通过班组进行。物质利益分配是员工十分敏感的问题，很容易产生不公平感而影响工作情绪。在物质利益分配问题上，要使员工不产生意见几乎是不可能的，但如果班组长能做到廉洁奉公，不贪图私利，就能在很大程度上降低员工的不公平感，消除在工作中产生的不良影响。

②作风正派：作风是人品格的体现，良好的品格是获得别人尊敬的重要因素，班组长受到员工的尊重，员工才会从内心服从领导。例如，在工作中当面一套背后一套，为了达到某种目的哄骗职工等，都会影响班组长在职工心目中的威信。

③以身作则：班组长整天与员工工作在一起，一举一动都在员工眼里，客观上就要求班组长起到模范带头作用。班组长所具有的生产者与管理者的双重身份，客观上就决定了他的领导作用在很大程度上要靠榜样的力量去实现。

3）职业素养

一般而言，班组长首先应当是出色的工人，不但能够熟练地进行操作，拥有一定的经验，而且具有"多面手"的特征。对班组长的职业素养要求来自以下几个方面：

①新员工需要指导。新员工分配到班组后，怎样使其迅速熟悉情况，迅速掌握操作方法，提醒他们应注意的事项，其中很大一部分责任落实在班组长身上。

②员工出现偶然情况需要班组长顶替。例如员工因病请假或因其他原因离开了工作岗位，而这个岗位的工作又可能影响到全局，就需要班组长替补上去。

③出现疑难问题需要班组长组织解决。当生产中出现疑难问题，或者某一关键技术岗位一时还无人胜任时，就需要班组长担当起来。

如果没有一定的职业素养，就根本无法适应班组长工作的需要。

4）文化素养

现代企业管理要求班组长具备一定的文化知识水平。知识是能力的基础，文化水平决定着班组长在管理方面发展的潜力。随着管理的现代化和轨道交通智能化水平的不断发展，对基层管理者的文化素质要求也越来越高，班组长只有在已有的文化基础上进一步加强学习，努力掌握更多的专业知识和操作技能，才能把班组的生产和管理工作提高到一个新的水平。

5）组织素养

班组麻雀虽小，五脏俱全，它的管理也要涉及人、财、物各种要素，内部、外部多种关系，需要将这些内容恰当地组织起来，使班组的目标得以实现，班组长只有具备一定的组织素养，才能适应班组管理提出的客观要求。

①善于用人：班组里的事要分散给大家干，使人人都感到自己担负着一定的责任，不必

大事小事都去问班组长,大家都主动关心班组里的事,工作就容易开展。

②分清缓急:班组的事情往往显得杂乱而又琐碎,应当善于分清轻重缓急,能够权衡利弊得失。可以把班组里大小事情排排队,然后从重要的事情干起,效果最好。

③分析思考:组织是一门艺术,它需要针对具体情况进行构思。因此,善于透过现象看本质,善于把握事物的因果联系,是搞好组织管理的基本要求。

④创新意识:没有想象力就没有吸引力。班组员工年轻人多,不断地提出"新点子",才能激发班组成员的工作热情。

⑤勇于负责:在组织工作中,只有将水平和勇气结合起来,才能产生良好效果。要敢于出主意,敢于拿主意,敢想敢干,敢于承担责任。

⑥目标连锁:就是善于利用目标将国家、集体、个人的利益统一起来,善于利用富于激励性的目标调动员工的积极性。

6) 人际关系素养

班组的领导说到底,就是与人打交道的工作,善于与人交往,搞好人际关系,实现与职工的心理沟通,是班组长的基本功。加强人际关系素养,就是要提高社交敏感性,主要把握的内容如下:

①神入:在处理问题时要全神贯注地站在对方的立场上,善于设身处地地想问题,这样相互间就找到了人际关系发展的共同点。

②自知:所谓自知之明,就是要了解自己的优点,知道自己的短处,还要知道自己在员工中的评价,明白自己的一言一行会产生什么影响。

③客观:为人处事从实际出发,处理问题公平合理。

7) 心理素养

班组长不仅要有吃苦耐劳、顽强进取、乐于奉献的精神和团结协作的团队精神,还应具备坚强的意志和过硬的心理素质,遇到挫折不退缩,团结所有班组成员,在班组中营造"积极、乐观、健康、向上"的氛围。同时,班组长是班组的领头雁,在工作中要严于律己、率先垂范、以身作则,以高尚的情操和模范行为,以个人的人格魅力,带领班组成员出色地完成各项生产任务。

总之,随着城市轨道交通行业的发展,面临的环境越来越复杂,对基层管理者的个人素质的要求也越来越高,班组长应具备较高的思想境界和良好的综合素养,要有为班组成员服务的意识,要在引导班组成员学习和执行公司的发展战略、方针政策及各种规章制度等方面发挥带头作用。通过不断学习,努力提升班组成员的理论修养,增强员工的使命感和责任感,使企业精神、企业文化成为激发员工干劲、开拓进取的原动力!

 案例分析

班长小王有点烦

车间为加强现场管理和保卫工作,增设了"工程检证班",选小王任班长,王班长不负领导期望,发现违反现场管理和安全保卫制度的人和事,均铁面无私,秉公上报领导处理。这样坚持几个月下来,他发现车间员工对他的态度起了变化。当他进入车间时,清洁工却把灰尘往他身上扫;当他要求车工小吴戴好耳塞时,小吴却大

> 骂起来,并冲过来要打他;当他下班后,准备骑自行车回家时,却发现气门芯被人给拔了。王班长忍气吞声,把情况反映给车间领导,领导批评了有关人员,但情况并未有大的好转,令他尴尬的事情仍然时有发生,他感到非常苦恼。
>
> 思考:小王该怎么做呢?

三、班组长的选拔标准

城市轨道交通运营企业在选配班组长时,应重点考核选拔对象的德、能、勤、绩综合素质,切实把思想作风好、责任心强、技术过硬的人员提拔到班组长岗位,一般采取竞聘的形式选拔。应遵循的标准和要求如下:

(1)政治素质好。就是要坚持原则,办事公道,作风正派,敢于负责,有较强的事业心和责任感,能在安全生产和各项活动中起模范带头作用。

(2)组织能力强。有一定的组织、协调和沟通能力,具备班组管理的基本知识和管理能力,能科学合理地组织和指挥生产,带领职工较好地完成生产任务。

(3)技术业务精。要达到本岗位的专业要求和技能标准,具有相应的技术理论知识和操作能力,熟知安全生产操作规程,能独立或组织职工解决生产中的关键问题,有处理应急及突发问题的能力。

(4)团队意识强。有大局意识、整体意识,作风民主,团结同志,会做思想政治工作,在职工中有较高的威信。

(5)具有较高的文化素质和良好的身体素质。

四、班组长的培养方法

班组长的培养是企业完善人才培养机制,加强人才队伍建设,做好生产班组的人才储备工作的重点,实际工作分为两块:一是培养有潜力的员工,使之成为未来的班组长,为企业储备一线管理人才;二是提升在岗的班组长的能力,使之成为更加优秀的班组长。无论是前者还是后者,企业都需要对此予以高度重视,必须在企业管理中从组织层面予以全面保障,建立班组长培训和学习交流体系,为班组长培养工作创造积极有利的条件。

通过组织班组长培训学习,对班组长进行培养,有利于确保班组长队伍稳定。开展定期培训学习的一个主要目的,就是根据班组工作的要求,努力提高班组长在决策、用人、激励、沟通、创新等方面的具体管理能力。其次,为使企业的活动跟上技术进步的步伐,使班组长能够有效地管理具有专门知识的作业人员的劳动,可在开展管理技能培训的同时,补充和更新班组长的科学文化和技术知识。再者,企业通过对班组长,特别是新聘班组长的培训,使他们逐步了解企业文化特征,接受企业的价值观念,按照企业认同的行为准则来从事管理工作。班组长培训学习的具体做法有如下几种:

(1)建立班组长全过程学习机制。全过程学习本质是学习与实践的紧密结合,是与生产活动紧密结合的学习。在生产中学习、在学习中生产,对班组长个人而言,天天有收获。全过程学习也是拾遗补阙的学习。在班组中,通过职工间的拾遗补阙使团队知识趋于完整;在个人成长过程中,通过拾遗补阙使自己的知识能够适应自身发展的需要。

(2)实施班组长工作轮岗制度。通过工作岗位轮换,优秀的工作经验、技巧和知识能得到很好的推广,让更多的人掌握,同时通过作业标准化形成积累。工作岗位轮换还可以开阔视野,使班组长熟悉不同岗位的不同要求和相互联系,因此产生对安全、质量、成本、产量等目标的责任感。

(3)开展班组长拓展交流活动。企业通过组织班组长交流共建活动,推动班组长跨文化、跨组织学习,促进班组长实现自我完善和管理水平的整体提升。

> **拓展阅读**
>
> **班组长如何接受任务**
>
> 主管叫你时:
> - 用有朝气的声音立刻回答;
> - 不要闷不作声地走向主管;
> - 不要使用"干什么""什么事"等同级用语回答;
> - 带上记事本,以便随时记下主管的指示。
>
> 记录主管交代事项的重点:
> - 具有核对功能;
> - 备忘和检查工作;
> - 避免日后"有交代、没听到"的纷争。
>
> 正确理解命令:
> - 不清楚就问清楚,但切忌使用反问句;
> - 尽量具体化地向主管确认;
> - 让主管把话说完后,再提意见和疑问;
> - 使用"6W""2H"来理解。
>
> "6W":什么事(what)、什么时候(when)、在哪里(where)、对象是谁(who)、什么目的(why)、哪些选择(which)。
>
> "2H":怎样做(how)、多少数量(how many)。

> **拓展阅读**
>
> **班组长十大常见问题及其解决办法**
>
> 1.当自己请假时,应如何安排工作?
>
> 把手上的工作(项目、进展情况)整理成清单,交给上司,并向上司详细说明自己的想法和安排,重要事项特别提醒,并征询上司的意见。结合上司的意见进行具体工作安排,并指定负责人,以保证工作进度。还有不要忘记留下自己详细的联络方法,万一工作有异常,能够及时找到自己。
>
> 2.当下属之间闹矛盾的时候,怎么处理比较恰当?
>
> 下属之间存在意见分歧是不可避免的。就像康熙皇帝的祖母孝庄太后在康熙皇帝处理大臣之间的窝里斗问题时提出的观点:"你不能希望他们之间消除矛盾,那是不可能的。你只能将这个局面控制在你可以控制的范围,不让它继续扩大,不至于到不可收拾的地步,不至于影响江山社稷。"同样,在我们的周围也存在着这些普遍的现象,那我们怎么样处理比较合适,不至于让局面僵化、不可收拾呢?

作为上司,应该正视这些影响领导行为的主观因素。最忌讳的就是对下属之间的矛盾视而不见的态度。我曾见过一个班组长,他的三个下属之间有矛盾,其中一个告诉他她们之间的关系。他很不耐烦地说了她一顿:"这么点小事,你也告诉我。你们就不能处理好自己的关系吗?"那位下属听了很不高兴,又不好说什么,就离开了。一个月后,她们之间的关系越闹越僵,你拆我的台,我拆你的台,终于有一天在生产中,由此引发了产品品质不良的事件,造成当天产品全部返工。

事实上,当下属提出矛盾的问题时,通常是他不能处理这种关系了,才会提出来的。那么,如果你不做出正面的处理,通常会发展成更加僵化的关系。他可能会破罐子破摔,最终影响到工作。作为上司,对下属之间的关系应该有一定的了解。经常从他们的言谈举止上,去体会他们之间的关系。当发现有不是很融洽的气氛出现时,应把握其度。这个度,一个看它影响工作的程度,另一个看这种气氛的长久性。根据不同的情况,采取不同调解方式。要记住以下几点:

(1)不要逃避问题。

(2)不要责怪他们处理不好。因为每个人的性格是有差异的,难免有人因性格不合而无法和睦相处,那种关系是很难自我调整的。

(3)不要对矛盾的一方,讲另一方对他的看法,以免让他更加怀恨在心,反而把他们之间的关系推向僵化。"他又说你……你又说他……"之类的话,一定不能对双方之间的任何一方诉说。

(4)在调解的过程中,尽可能以平静的心态对待。让他们诉说他们的观点,从中客观分析他们的问题,指出其错误的观点和行为。对已经影响到工作的极端行为必须提出严厉批评,并说明利害关系。

(5)对无法调解的情况,应做出组织上的调整,将其中一方调离。

(6)带领他们共同完成一个合作性很强的课题,加强他们的团队精神。

3.间接上司亲自指挥自己的工作怎么办?

首先,我要恭喜你,这表明你出色的工作能力被很多上司看在眼里,所以不能"严词拒绝"你的间接上司。接到间接上司的指示,你要快速判断这是否为紧急事件。如果是,则应该尽快处理;如果不是,则应该向直接上司请示汇报,在上司的首肯下予以安排实施。不管间接上司的指示最终执行情况如何,都要向直接上司报告工作进度和结果,由直接上司向间接上司转达报告。

4.与上司意见相左怎么办?

俗话说,再亲密的牙齿和舌头也有打架的时候。与上司意见相左是难免的,是完全放弃自己的观点,还是据理力争呢?

这里需要把握一个原则,即根据不同工作方案的最终结果来判断,如果两种方案的目的和结果是一样的,不妨将自己的构想融入上司的方案中,做到取长补短,互通有无;如果是上司的想法方案错了,那么可以给上司提个醒,但是提醒归提醒,应该让上司在认识自己方案不足的基础上重新考虑新办法。

所以,当与上司意见相左时,应该进行一定的沟通。如果通过沟通让上司的想法与自己的一致,这样最好;如果无法一致,那么作为下属应该尽量配合执行上司的命令,因为上司站得更高,承担的责任更大,很多考虑也许我们不是很明白。

5.如何将员工的意见向上司反映?

班组长是上下级沟通的桥梁,做到"下情上传""上令下行"是很重要的。向上司反映员工的意见前应该将事项整理一遍,采用书面报告的形式更好。重要的是不可就事论事,应该附上自己的看法和建议,因为上司工作比较忙,面对的人员比较广,如果根据你的意见做决策,处理起来会更快,也可以防止遗漏。

另外,作为一个管理人员,仅仅以一个"传声筒"的身份工作是远远不够的。对员工提出的意见和看法,如果自己能够解决、澄清,可以当场处理,事后再向上司报告,不要把所有的事情都原封不动搬给上司处理,增加上司的管理负担。

6.如何向员工传达上面的决议?

向员工传达上面的精神和决议属于"上令下行"范畴的工作。做好这项工作要注意几个要点:

(1)充分理解上级决议的目的、要求、执行方法。要清楚这不是简单的把通知贴在告示栏或者在晨会上无关痛痒讲两句的事情,如果自己没有充分理解决议,那么对员工如何执行、是否达到要求等都无法判断评价,万一做错了,事情就更糟糕了。

(2)不能播下种子就等收割。工作安排下去了当然不能只等结果,定期的工作进度跟踪是必要的。工作安排以后,执行情况如何,碰到什么问题,该如何解决,等等,都需要班组长一项项去确认和解决。

(3)做好向员工的疏通、解释工作。公司的很多决议可能让大家不舒服,闹情绪是难免的,但是,作为管理人员不应该把自己的情绪表现出来,火上浇油。要针对决议的内容耐心向员工说明解释,安抚人心,保证生产任务的正常进行。在这一点上,应该站在公司的立场上。

(4)及时地沟通反馈。上级的决议下达后,应该将执行过程、结果及时反馈。对于一些反响比较大,可能造成严重后果(如罢工、破坏、人员流失)的事项,更要及时报告,寻求有效的对策。

7.如何对待员工的越级报告?

被上司问起某事时,自己一无所知,这种尴尬相信很多管理者都碰到过,因为有些员工出于各种原因和目的,可能将工作越级报告,使直接上司为难。如果要杜绝这种现象,以下几方面的工作必不可少:

(1)与上司达成共识,对一些别有用心的越级报告予以抵制。这是最根本的一点,如果说自己的上司喜欢越级报告的员工,那么这种风气就会愈演愈烈。

(2)通过晨会等形式宣传教育,明确工作报告的途径。

(3)与个别喜欢越级报告的员工开诚布公地倾谈,提出自己的意见和看法,使员工明白自己的立场和感受。

8.下属爱打别人的小报告怎么办?

爱打小报告的员工不多,班组里也就是一两个而已。这类员工我们要谨慎对待,有时候,员工的报告能够提供很多我们不曾掌握的信息;有时候,小报告会造成整个班组人际关系的紧张。所以,对于爱打别人的小报告的员工,处理要点如下:

(1)以冷处理为主,即以不冷不热的态度对待该员工,让其最终明白上司的立场和想法,逐渐改正爱打小报告的毛病。

(2)适当调整自己的管理理念和风格,慎重处理所收集的信息,在班组内创造融洽的工作气氛,减少员工之间的对立和摩擦。

(3)适当利用该员工喜欢传播的性格,以小道消息的方式传播一些信息,为正式方案的出台预演和过渡。

9.如何处理员工的抱怨?

当员工认为他受到了不公正的待遇时,就会产生抱怨情绪,这种情绪有助于缓解心中的不快。抱怨是一种最常见、破坏性最小的发泄形式,但处理得不好的话,可能会导致降低工作效率等过激行为,因此管理者一定要认真对待。处理员工的抱怨时要注意以下几点:

(1)耐心倾听抱怨:抱怨无非是一种发泄,当你发现你的下属在抱怨时,你可以找一个单独的环境,让他无所顾忌地进行抱怨,你所需要做的就是认真倾听。只要你能让他在你面前抱怨,你的工作就成功了一半,因为你已经获得了他的信任。

(2)尽量了解起因:任何抱怨都有起因,除了从抱怨者口中了解事件的原委以外,管理者还应该听听其他员工的意见。在事情没有完全了解清楚之前,管理者不应该发表任何言论,过早地表态,只会使事情变得更糟。

(3)有效疏通:对于抱怨,可以通过与抱怨者平等沟通来解决。管理者首先要认真听取抱怨者的抱怨和意见,其次对抱怨者提出意见的问题做认真、耐心的解答,并且对员工不合理的抱怨进行友善的批评。这样做基本可以解决问题。

(4)处理果断:因为抱怨具有传染性,所以要及时采取措施,尽量做到公正严明处理,防止负面影响进一步扩大。

10.如何对待不服自己的员工?

员工不服多发生在班组长刚刚被提拔上来的时期,有的员工认为自己或某位同事更有资格晋升的时候,他的表现往往是不服,或者出一些难题为难这个刚刚上任的上司。发生这种现象时,有的班组长"新官上任三把火",往往会以权力去"镇压"不服,造成上下级关系的极度紧张,最终使工作难以展开。

出现这种现象时,管理者需要有三种心理准备:自信、大度、区别对待。因为管理经验不足,错误难免,但是一定要坚信自己最终能够做好这项工作,有自信的管理者,人们才会信服。对于不服自己的员工,要大度,就事论事,不要打击报复,这样才会渐渐使员工的心安定下来。在管理的策略方面,有不服自己的人,就肯定有服自己的人,对这部分人员要先发动起来,开展正常的工作。人都有从众的心理,见有人行动起来,其他人自然就投入工作中了。

任务2 岗位与人员管理

学习要求

1.了解班组定岗定员管理的原则和方法。

2. 了解员工出勤管理的内容。
3. 了解班组长时间管理的内容。
4. 掌握员工技能管理的形式。
5. 了解后备人员管理的作用。
6. 了解补员与轮岗管理的作用。

一、定岗定员管理

班组定岗定员管理是班组建设的重要精益管理方法,在此基础上,对班组人员的出勤状况和技能状况进行动态把握,同时做好人员后备管理和补员工作,才能在人才流动的条件下做好班组管理,保证班组的正常运转。

班组定岗定员管理通过合理配置人力资源,能够实现"人、岗、事"合理匹配,人尽其才,才尽其用,提高劳动生产率。定岗定员管理必须遵循"以事定岗、以岗定人,不得因人设岗"的原则。

1. 班组定岗管理

定岗是指设计、确定承担具体工作的岗位,所有岗位均需明确规定岗位的任务、责任、权力以及在组织中与其他岗位的关系,并以岗位说明书的方式予以表达。

班组定岗是指班组根据生产工艺和班组职能管理的需要,做出明确的岗位设置和技能要求来确定人员的编制,如果生产产品的型号变化会带来弹性用工需求的话,则应明确其需求变化规律。

1)根据工艺确定生产岗位

根据生产工艺确定生产岗位,根据作业内容配置相应的人数。一般来说,一个岗位配备一名作业员工,某些产品有特殊的工艺要求需要临时增加人员的,在编制上也要事先予以明确,这样才能避免用工的紧急性。

2)按需设置职能管理岗位

一般来说,生产班组的职能管理包括计划管理、物料管理、质量管理、考勤管理、设备管理、6S管理、成本管理、低值易耗品管理等。

第一种方式是所有的管理均由班组长负责,这种方式适合于人数不多、工作量不大的班组;第二种方式是大部分职能由班组长负责,工作量特别大的某个职能设定辅助岗位,如领料员;第三种方式是设置副职与班组长共同配合,分担管理职能,或同时设辅助岗位,这种方式适合于人数特别多、工作量特别大的班组。

2. 班组定员管理

定员是指岗位配备各类人员的数量标准。班组定岗之后,班组的标准人数就能基本确定。通常以班组组织表的形式体现,被批准的组织表是人员需求和作业补员的重要依据。班组组织表是班组人员管理的重要工具,是班组职能管理的综合体现。

3. 员工定岗原则

定岗是根据岗位要求和个人状况来决定的。岗位根据要求的特点,可分为重要岗位和一般岗位;岗位根据劳动强度的大小,可分为一般岗位和艰苦岗位。根据员工的身体状况、技能水平、工作态度,以保证质量、产量和均衡生产为目标,可按照下述原则进行定岗安排：
(1)适所适才原则：根据岗位需要配备适合的人员。
(2)适才适所原则：根据个人状况安排适合的岗位。
(3)强度均衡的原则：各岗位之间适度分担工作量，使劳动强度相对均衡。

4. 员工定岗的好处

(1)员工在一段时间内固定在某个岗位作业，能使作业技能尽快熟练，并熟能生巧。
(2)员工定岗有利于保证管理的可追溯性，能够责任到人，做到业绩好管理、问题好追查。
(3)员工定岗有利于提高和稳定员工技能，确保安全、质量、产量。
(4)员工定岗有利于提高工作安排和人员调配的效率。

二、出勤与时间管理

1. 员工出勤管理

出勤管理是班组员工管理的首要方面，事关员工考勤管理和工资结算，影响到现场人员调配和生产进度，涉及人员状态把握和班组能否正常运转。随时把握员工的出勤状态并进行动态调整，才能确保日常生产顺利进行。员工出勤管理包括时间和状态管理两个方面：

(1)员工时间管理是指管理员工是否按时上下班，是否按要求加班等。其核心为管理员工是否按时到岗，主要表现为缺勤管理。一般来说，缺勤有迟到、早退、请假、旷工、离职等几种情形。

对于迟到、早退等情况，应向当事人了解情况，同时严格按照公司考勤制度考勤，除非情况特殊，一般要对当事人进行必要的教育，对于多次迟到、早退，且屡教不改的应升级处理。

员工请假需按照公司制度提前书面请假且获得批准后才能休假。特殊的可以口头请假。需要确认缘由，并进行适当的处理，既显示制度的严肃性又要体现管理的人性化。

出现旷工时，应该及时联系当事人或向熟悉当事人的同事了解情况，确认当事人是出现意外不能及时请假还是本人恶意旷工。

碰到员工不辞而别的离职情形，应及时联系当事人或向熟悉当事人的同事了解情况，尽量了解员工不辞而别的原因。

(2)员工状态管理是指对已出勤员工的在岗工作状态进行管理，员工的精神状态、情绪、体力如何，班组长可通过观察员工表现、确认工作质量进行把握，确保员工人到岗、心到岗、状态到位、结果到位。

2. 班组长时间管理

班组长在日常管理中经常会有一种时间很紧却又没什么事的感觉，这实际上是时间管理存在问题。作为班组长应注重归纳，找出在班组管理中时间控制的技巧。

(1)合理安排并存的事件。对事情的轻重缓急进行初步判断，合理分配工作给员工或找他人帮忙协助解决。分派工作时，注意让对方清楚要求。跟进工作进度或结果，对可能延误的工作，及早发现并采取调整措施。

(2)开好早会。这是提高工作效率、加强沟通、实施安全教育的有效手段。在开早会之前，做好充分准备，避免临阵慌乱。开会时，注意会场纪律。讲话要声音洪亮、语言简洁、条理清晰、逻辑性强。安排工作时，应指示清楚、责任明确。布置完工作后，应注意反馈，核实其他人是否清楚明白。及时跟进或向相关负责人了解工作进展情况。

（3）做好交接。班组长下班时应有条理地处理好当天的交接班工作。下班前，须检查当天工作的完成情况，并拟订下一步的工作计划。倒班时，应做好交接，要求下一班继续跟进或一起解决。做计划或必要的记录。尽可能将工作适时完成，不要将工作留到下班时处理。

三、员工技能管理

合格的技能是保证工作质量和产品质量的前提。员工技能管理是质量管理和人员调配的重要条件，对优秀者给予肯定和鼓励，对不足者加强培训、指导和跟踪。

培训是提升员工技能的最重要的途径，目的是改善和提高员工的知识、技能、工作方法和态度等，使其发挥出最大的潜力，提升班组整体业绩。开展技能提升培训时，要做好计划和组织，明确培训时间、相关责任人、培训方法、培训资料、考核方法、上岗标准等。培训资料要书面化、实物化、易学易懂。还要注重理论与实操相结合，防止脱离工作实际。

1. 班组培训的分类

1）按培训形式划分

班组培训按形式可以分为公开课和内训两种。公开课是让员工到企业外部参与一些相关的讲师开办的公开培训课程。内训是企业邀请相关讲师到企业进行调研，针对性地对企业员工进行培训。这是全面的内部培训，一般不对外公开。

2）按内容划分

班组培训按内容可以分为员工技能培训和员工素质培训两种。员工技能培训是企业针对岗位的需求，对员工进行的岗位能力培训，如城市轨道交通站务员的礼仪培训（图2-2）。员工素质培训是企业对员工素质方面的要求，主要有心理素质、个人工作态度、工作习惯等的素质培训。

图2-2 地铁站务员服务礼仪培训

2. 班组培训的形式

1）讲授法

讲授法属于传统的培训方式。其优点是运用起来方便，便于培训者控制整个培训过程；缺点是信息单向传递，反馈效果差。其常用于理论性知识的培训。

2）讨论法

讨论法按费用和操作的复杂程度可分成小组讨论与研讨会两种方式。研讨会多以专题演讲为主，中途或会后允许学员与演讲者进行交流沟通，其优点是信息可以多向传递，与讲授法相比，反馈效果较好；缺点是费用较高。小组讨论的特点是信息交流的方式为多向传递，学员的参与度高，费用较低。讨论法多用于巩固知识，训练学员分析、解决问题的能力与人际交往的能力，但运用时对培训者的要求较高。

3）案例研讨法

案例研讨法是通过向培训对象提供相关的背景资料，让其寻找合适的解决方法。该方法的使用费用低，反馈效果好，可以有效训练学员分析、解决问题的能力。另外，近年的培训研究表明，案例研讨法也可用于知识类的培训，且效果更佳。

4）角色扮演法

角色扮演法是指受训者（学员）在培训者设计的工作情境中扮演一定的角色，其他学员与培训者在学员表演后做适当的点评。角色扮演法的信息传递多向化，反馈效果好，实践性强，费用低，多用于人际交往能力的训练。

5）技能传授法

班组长调动各种力量，发挥老员工"传、帮、带"的作用，建立完善的"传、帮、带"责任制，在重点保证安全的基础上，使新员工尽快掌握岗位作业技能，达到独立上岗的目标。

四、后备人员管理

在员工技能管理的基础上，通过培养多能工，有计划地做好一线岗位尤其是重点岗位的员工替补安排，可以最大限度地缓解和减少缺员带来的被动局面和工作损失。重点岗位要有两个人以上能够独立完成操作，工作起来才会心中有底。

多能工培养是人员后备管理的重要途径。掌握两种以上作业技能的员工为多能工。一岗多能是应对员工流动的重要条件，也是培养一线骨干的重要途径。多能工培养还能提高企业的应变能力，为企业的发展奠定基础，具体包括：

(1) 满足短期需要。

重要岗位有多人后备，出现员工缺勤、辞职或临时性的工作调整时，班组长也不会乱了手脚，做到有备无患、应对自如。多能工培养是人员后备管理的重要条件。

(2) 储备技能人才。

企业发展需要大量的一线技能骨干，有计划地做好多能工培养工作，建立后备队伍，就能在需要时及时动员和"征用"。

(3) 培养后备干部。

多能工是做班组长的必要条件，大力培养多能工，再从多能工中发现好苗子，引导他们往班组管理方向努力，逐步建立一支班组长后备队伍。多能工培养也是员工个人职业发展的需要，掌握多种技能才能从事多种岗位的工作，为今后走上管理岗位创造条件。

五、补员与轮岗管理

定岗定员是班组管理的基本原则，但绝对的定岗定员是很难做到的。没有弹性的定员使班组长疲于应付临时性顶岗，这种临时性缺员是长期客观存在的。长期的定岗也会使员工技能单一，还会使临时性缺员时调配出现困难。在定岗定员的基础上，适度的弹性人员补充制和员工岗位轮换是非常必要的。

1. 补员管理

临时补充人员到岗后班组长要担负以下职责：

（1）告知：告知的内容包括作业安全要求、工作内容、质量标准、注意事项、异常联络等。

（2）指导：指导方面包括操作要点、异常处理、作业技能等。

（3）监督：监督主要是指出勤时间、安全规范、工艺纪律、工作质量、工作纪律等方面。

2. 员工轮岗

适度的轮岗有助于提高员工学习的热情和欲望，激发员工的干劲，培养多能工和后备管理人员。

轮岗一定要有计划、有组织地进行。在人员选择上，要选取工作态度好、安全意识强、工作质量一贯稳定、原有岗位熟练的员工。在转岗安排上，像对待新员工上岗一样，指导他、帮助他，明确转岗时间。转岗人员要在规定的时间内固定在新岗位上，不允许随便变化。要做好换岗人员新岗位的技能培训、质量考核和业绩管理工作，确保达到转岗的目的。为了确保岗位轮换的严肃性和计划性，有义务将相关安排书面化，并向有关人员或全员进行公开说明。

拓展阅读

如何让班组晨会变得高效？

班组晨会是利用上班前5～10分钟的时间，全体员工聚在一起，互相问候，交流信息和安排工作的一种管理方式（图2-3）。那么，应该如何组织晨会，让班组晨会变得高效呢？

一、"一日之计在于晨"——晨会的意义

1. 有利于全体员工养成遵守规章制度的良好习惯，使全体员工保持良好的精神面貌；

2. 事先进行工作安排，可有效提高工作布置效率；

3. 增进和加强沟通，发现、分析和解决生产中出现的问题；

4. 增强员工的整体素质，通过早会传递信息、组织员工学习，进行典范分享，使员工不断增长知识，学到和掌握更多的专业技能；

图2-3　班组晨会

5. 能够提高管理人员和员工的表达、沟通能力和综合素质；

6. 有利于形成独特的班组文化。

二、晨会的准备

1. 规定晨会时间，员工列队开会。

2. 充分准备、条理清晰。

（1）晨会上要宣讲哪些内容，做到心里清楚、条理清晰；

（2）总结前一天生产中发现的问题，产量、质量的数据，必要时可以在笔记本上记录下来，以免宣讲时有遗漏；

（3）分析整理，确定讲解的重点。

3. 振奋而简短的开场白。

三、高效晨会的内容

1. 严格考勤。

在晨会开始前,班组长可以通过点名来了解班组员工的出勤情况和情绪。

2. 生产指令和目标传达(约占晨会时间的30%),包括生产安排、质量目标、指令传达等。

传达的要点:

(1)明确告知短期生产计划(每天的计划),明确班组质量目标;

(2)突出重点,发挥其时效性;

(3)确认对方是否正确接收信息。

3. 工作教导(约占晨会时间的50%),包括作业规范说明、标准化工作、安全生产、品质异常及个人品质、效率总结。工作标准的维系要学会具体问题具体分析,建议在员工工作出现差错的情况下强调制度及工作标准,千万不可千篇一律每天都去泛泛而谈,这样只能使员工厌倦,遭到员工的排斥。

4. 理念的培养,包括工作教养、作业习惯、质量理念等。

5. 做好晨会记录(见表2-1)。

表 2-1 晨会记录单

班组		应到人数		实到人数	
记录人		主持人		日期	
活动具体内容					
1. 列队集合,记录集合完毕时间和出勤状况: 2. 整理仪容仪表。 3. 互相用礼貌用语问候。 4. 集体喊出口号,以鼓舞士气。 5. 总结前一天生产情况,分析长处和不足: (1) (2) 6. 分配当日工作: (1) (2) 7. 安全教育和素质教育。 8. 宣布开始生产。					

晨会的内容与好处见表2-2。

表 2-2 晨会的内容与好处

晨会的内容	晨会的好处
发出号令,集合人员,人员报数点到; 总结前一天的工作; 传达生产计划和活动安排,说明注意事项; 公司指示事项的转达; 人员工作干劲的鼓舞; 宣布作业开始	有利于团队精神的建设; 能产生良好的精神面貌; 培养全员的文明礼貌习惯; 提高员工水平(表达与沟通能力); 提高工作布置效率; 养成遵守规定的习惯

四、晨会后的跟踪

1. 及时复核。开完晨会后,班组长要针对晨会内容,在接下来的工作中有意识地跟踪,了解员工是否按照要求作业生产,如发现有偏差要马上指正,从而保证晨会效果。

2. 不断总结。作为晨会组织者的班组长,应该针对每一次班前会有意识地不断总结,找出不足的地方,包括主持的方式、语言的组织、会议的内容、效果的追踪等方面,以便下次改进,不断提升班前会的质量,推进班组的建设。

任务 3　人际关系管理

学习要求

1. 了解人际关系的定义和特点。
2. 掌握人际交往的原则。
3. 了解沟通的定义与要素、类型与功能。
4. 掌握有效沟通的概念、方法和技巧。
5. 掌握人际冲突处理的方法。
6. 掌握班组人际关系的类型。
7. 掌握班组长人际关系处理的技巧。

班组是企业员工最基础的劳动和生活的群体,在班组建设中协调好成员的人际关系非常重要。良好、和谐的人际关系不仅是开展各项工作的基础,而且在工作遇到困难时,能使班组员工齐心协力,积极主动地努力完成任务,有效减少工作推诿、扯皮现象的发生。不良的人际关系必然会使班组内部不团结,成员士气低下,束缚和压抑成员的积极性和创造性。

班组管理工作中很大一部分内容是处理人际关系,这其中的核心事项就是解决人际冲突,做好人际沟通工作。人际关系和沟通二者相辅相成,沟通是人际关系的基础,人际关系是沟通的目的。人类是一种群居性的动物,任何人都不是独立存在的,而人与人的交往是通过沟通来实现的。

一、人际关系概述

1. 人际关系的定义

人际关系是指人个体之间的相互关系,是人与人在社会生活中建立起来的一定的联系。从心理学角度来看,人际关系是指个体所形成的对他人的一种心理倾向及其相应的心理行为,也就是特指人与人之间的心理联系;从社会学角度来看,人际关系是指个体与他人由于血缘、地域、情感、工作以及政治、经济、文化等原因形成的社会联系。

> 没有人在生活中能完全避免与别人碰撞。他不得不以各种方式奋力挤过人群,冒犯别人的同时也忍受别人的冒犯。
>
> ——卡莱尔

俗话说,没有铁勺不碰锅沿儿的。大家一起学习或者工作,在一起的时间比各自在家的时间还多,因而难免会产生误会和矛盾,但是大家以后总是要共事的,所以在处理这些矛盾的时候,就要相对谨慎一些,既不能伤害彼此的感情,又不能影响彼此的工作。

2. 人际关系的特点

人际关系影响着人们的一生,是人们在社会上立足必不可缺的条件。想要搞好人际关系,就必须要了解人际关系的特点,那么人际关系的特点有哪些呢?

(1)个体性。

在人际关系中,角色退居次要地位,而对方是不是自己所喜欢或愿意亲近的人成为主要问题。

(2)直接性。

人际关系是人们在面对面的交往过程中形成的,个体可切实感受到它的存在。没有直接的接触和交往不会产生人际关系,人际关系一经建立,一定会被人们直接体验到。

(3)情感性。

人际关系的基础是人们彼此间的情感活动。情感因素是人际关系的主要成分。人际的情感倾向有两类:一类是使彼此接近和相互吸引的情感,另一类是使人们互相排斥分离的情感。人们在心理上的距离趋近,个体就会感到心情舒畅;如若有矛盾和冲突,则会感到孤立和抑郁。

人际关系是人与人在交往中建立的直接的心理上的关系,这种人际关系将会伴随着你的一生,因此了解人际关系的特点,才能更好地把握自己的人际关系。

班组人际关系具有开放性、互动性、多向性、多维性等特点。开放性通常表现在班组处于社会大环境下,与行业、企业、专业、个人形成相互依存的关系;互动性通常表现在与企业内部上级领导、职能部门及同事形成相互影响、相互促进、相互制约的关系;多向性通常表现在与社会、政府、同行、乘客等多角度的联系;多维性通常表现在员工与企业不仅仅是工作与获取报酬的关系,更主要的还在个人与企业业绩提升、专业化、职业化、行业形象等多个侧面形成相辅相成的合作关系和互动关系。

3. 人际交往的原则

人际关系的基础是彼此间的相互重视与支持。任何个体都不会无缘无故地接纳他人。喜欢是有前提的,相互性就是前提。除此之外,人际交往本质是一个社会交换过程,不论在生活中还是工作上,我们处理人际关系时都必须遵循以下基本原则,这直接决定人际交往的顺利进行。

(1)道德与守法的原则。人际交往中,首先应当遵守人际交往的基本规则,这些规则主要是道德与法律。

(2)平等原则。社会主义社会人与人之间的关系是平等的关系,在我们的社会里,人与人之间只有社会分工和职责范围的差别,而没有高低贵贱之分。不论职位高低、能力大小,还是职业差别、经济状况不同,人人享有平等的政治、法律权利和人格的尊严,都应得到同等的对待,因此人与人之间交往要平等相待,一视同仁,相互尊重,不亢不卑。要尊重别人的爱好、习惯、风俗。只有尊重别人,别人才会尊重自己。

(3)真诚原则。真诚待人是人际交往得以延续和发展的保证,人与人之间以诚相待,才能相互理解、接纳、信任,才能团结。相处真诚、团结,是现代社会事业成功的客观要求。就人生而言,仅靠个人微薄的力量是难以达到成功、幸福的境界的。交往中要真诚待人,实事求是,要胸怀坦荡,言行一致。相互信任,尊重别人,谦虚谨慎,文明礼貌,才能建立良好的人际关系。

(4)尊重原则。尊重包括自尊和尊重他人,这是维系人际交往的前提和基础。自尊是自重、自爱,维护自己的人格;尊重他人是重视他人的人格和权利,承认交往双方的平等地位。

(5)友爱原则。中国儒家有"仁者爱人"之传统,在我们社会主义社会里,人与人之间更应团结友爱。人际交往中要主动团结别人。容人者,人容之。互相尊重、虚怀若谷、宽宏大度才能建立起良好的人际关系。友爱就是要爱同志、爱朋友、爱同事、爱人民。真正的爱心就表现在帮人一把,在别人需要时,奉献自己的力量。

(6)宽容原则。在追求共同目标的基础上,在人际交往中要互谅互让、宽以待人。

(7)互助原则。交往双方互相关心、互相帮助、相互支持,既可满足双方各自的需要,又可以促进相互的联系。路遥知马力,患难见知己,在最需要的时候,举手之劳、滴水之恩,都会使对方铭记在心,加深双方的情谊。

(8)安全原则。一方面要给对方以安全感,让对方乐于与自己交往。同时,在交往中也要注重自身的安全,处理好诚实与警觉的关系,防止上当受骗。

二、人际沟通

人际关系与沟通密切相关,沟通的不同深度决定了人际关系发展的不同程度,良好的人际关系往往是建立在良好的人际沟通基础之上的,人际沟通是构建良好的人际关系的重要手段。那么,什么是沟通呢?

1. 沟通的定义和要素

沟通,本义指开沟使两水相通,如《左传·哀公九年》:"秋,吴城邗,沟通江淮。"后指两方能通连。《大英百科全书》中则把沟通描述为:沟通是用任何方法,彼此交换信息,即指一个人与另一个人之间用视觉、符号、电话、电报、收音机、电视或其他工具为媒介交换信息的方法。

现代管理学中,沟通则表示为了一个设定的目标,把信息、思想和情感,在个人或群体间传递,并且达成共同协议的过程。人际沟通是一个心理学名词,一般指人与人之间的信息交流过程。人们采用言语、书信、表情、通信等方式彼此进行事实、思想、意见、情感等方面的交流,以达到人与人之间对信息的共同理解和认识,取得相互之间的了解、信任,形成良好的人际关系,从而实现对行为的调节(图 2-4)。

沟通是不同行为主体感情交流或者信息交换的一种有意义的过程,包括三大要素:

1)有明确的目标

沟通是双方的行为,有明确的目标,这是前提。如果交流没有目标,那就不是沟通,而只能叫作闲聊。在管理过程中,当管理者考虑清楚了自己的目标、对方的目标、自己的底线、对方的底线,就能明确沟通的目标,在目标的指引下,与员工进行有效的互动,把沟通控制在预定的目标范围内,推动沟通向深入进行。在沟通场景中主要可以设置两类目标,分别是:

(1)愿景性目标:帮我们建构一个更友善的对话氛围。很多人开始沟通前会说:"××先生,非常高兴有机会见面,我相信我们都有合作的愿望,也相信我们能很愉快地完成今天的

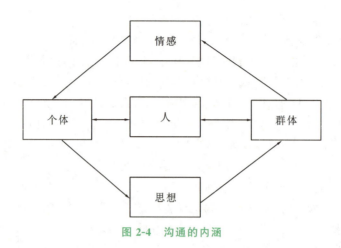

图 2-4　沟通的内涵

沟通,实现双赢合作。"这便是一种愿景性的目标,能让我们有更清晰的方向感以及具体希望达成的愿景。

(2)现实性目标:可以让每一场对话产生具体的成果,即使是短促的对话,也能产生成果。比如:"×××,这段时间辛苦了,请教下今天提到的文件做完了吗?如果做完了麻烦尽快给王总,如果没有做完,我们俩赶紧一起商量下怎么尽快做完。"

2)达成共同的协议

沟通结束以后一定要形成一个双方或者多方共同承认的协议,只有形成了这个协议,才算完成了一次沟通。如果没有达成协议,那么这次不能称之为一次真正的沟通。

3)包含信息、思想和情感

沟通的内容不仅仅是信息,还包括更加重要的思想和情感。单纯地传递信息是非常容易的事,可是思想和情感是不太容易沟通的。事实上,我们在实际工作的沟通过程中,传递更多的是彼此之间的思想和情感,而信息则并不是主要的内容。

2. 沟通的类型

沟通是人们社会生活的基本要求之一,也是组织得以生存、运行和发展的必备功能之一。沟通的概念很广泛,类型十分复杂,而且几乎每一种类型的沟通,都与我们的日常生活有着密切的联系。沟通可以从很多的方面进行类型划分,按照管理沟通内容的性质可以分为以下几种:

(1)说服式沟通。

目的是一方就某些问题对另一方进行劝导说服。因为它是以说服为目的,所以说服者在沟通中是沟通方向和内容的控制者,是发话的主体,在沟通中起关键作用。由于被说服者是沟通目的的承载者,在沟通中也起着十分重要的作用。没有被说服者的配合和转化,沟通不可能有效进行。

(2)商讨式沟通。

目的是通过交谈者的相互讨论、共同协商,就某一问题统一意见,或达成合作协议,比如外交谈判、经贸洽谈等活动。这种沟通应该具有统一性、建设性和合作性的特点,要求沟通双方严肃认真地表达自己的见解,耐心听取对方的意见,从一定的原则出发,求同存异,达到交谈的目的。

(3) 辩论式沟通。

目的在于沟通各方对某些问题各抒己见、展开辩论，比如法庭辩论、学术辩论等沟通活动。这种辩论性沟通，应该注意说话的科学性、针对性和严肃性。

(4) 调查式沟通。

目的在于互相配合，一方回答另一方提出的问题。这种沟通的目的，决定了它常以问答作为基本形式。它要求问话者的言辞要有目的性、明确性和启发性，回答者的语言具有针对性、真实性和完整性。

(5) 倾诉式沟通。

目的是一方将自己的欣喜、苦恼、怨恨以及打算或决定告诉对方，与对方分享喜悦，让对方分担烦恼，接受或同情倾诉方的怨恨，或者征询对方的评价。这类沟通以说话者对听话者的信赖为基础，往往具有很强的感情色彩。

(6) 闲聊式沟通。

生活中常见的沟通方式，没有明确的主题和专一的目的，一般起着联络感情、传达信息的作用，比如同事闲聊、探亲访友、邻里聊天，等等。这类沟通具有随意性和广泛性的特点。

按照信息载体的不同，沟通可以分为言语沟通和非言语沟通两种类型。言语沟通顾名思义就是用言语以及和言语相关的方式与人沟通。而非言语沟通则是以身体语言以及副语言与人沟通。

第一，对于言语沟通来说，言语沟通分为口头沟通以及文本沟通。

首先说口头沟通。语言本身就是力量，语言技巧是我们最强有力的工具。语言可以帮助我们获得他人的理解，并使我们与他人的沟通成为可能。口头沟通的优点在于快速传递和快速反馈。在这种方式下，信息可以在最短的时间内进行传送，并在最短时间内得到对方的回复。如果接收者对信息不确定，迅速的反馈可以使发送者及时核查其中不够明确的地方，因此它能使我们及早更正错误。但是它也存在一个很大的问题，那就是口头传播的人数增多以后，会出现信息失真等问题。

其次是书面沟通，书面沟通包括备忘录、信件、传真等传递书面文字或符号的手段。对于书面沟通来说，因为它有形而且可以核实，沟通的信息可以无限期地保存下去。如果对信息的内容有所疑问，过后完全可以进行查询，所以出现信息失真的可能性会相应地降低。当然，对于书面沟通来说，所花费的时间也会是口头沟通的数倍，因为书面沟通不仅仅需要记录，还需要信息的发布等。

第二，非言语沟通。

非言语沟通简单来说就是靠语气、肢体语言与人沟通。其中语气很好理解，人们在不同的状态下会有不同的语气，可以说，语气是最能体现出一个人的状态与心情的了。其次是肢体语言。人的姿势、表情、眼神、形体动作、身体接触以及服装的选择、香水气味和时间与空间的使用形式等都具有符号意义，都可以通过人的视觉、听觉、触觉、嗅觉等感知渠道来表情达意。肢体语言又称身体语言，是指通过头、眼、颈、手、肘、臂、身、胯、足等人体部位的协调活动来传达人物的思想，形象地借以表情达意的一种沟通方式。

非言语沟通有助于沟通主体更准确、更清晰地传递信息，也有助于沟通对象更完整、更正确地接收相关信号。管理者除了需要熟练掌握言语沟通技巧之外，还需要正确运用非言语工具增强自己语言的表达能力和感染能力，同时，敏锐捕捉、准确识别对方在沟通中通过各类非言语因素流露出来的信息,可以顺利达成沟通目的。

其实,不管沟通的方式有哪些,不论沟通的类型有多少,所有的沟通方式都是为了可以更好地和人沟通并传递信息,没有绝对的好坏,各有优缺点(表2-3)。所以,不论沟通的类型有多少,最重要的只有一点,就是更好地与人沟通。

表2-3 不同沟通方式的比较

沟通方式	举例	优点	缺点
口头沟通	交谈、讲座、讨论会、电话	快速传递、快速反馈、信息量很大	传递中经过层次越多,信息失真越严重,核实越困难
书面沟通	报告、备忘录、信件、内部期刊、布告	持久、有形、可以核实	效率低、缺乏反馈
非言语沟通	声、光信号、体态、语调	信息意义十分明确、内涵丰富、含义隐含灵活	传递距离有限,界限模糊,只能意会不能言传
电子媒介沟通	传真、闭路电视、计算机网络、电子邮件(E-mail)	快速传递、信息容量大、一份信息可同时传递给多人、廉价	单向传递,电子邮件可以交流,但看不见表情

3. 沟通的功能

沟通是人类组织的基本特征和活动之一。没有沟通,就不可能形成组织和人类社会。家庭、企业、国家,都是十分典型的人类组织形态。沟通是维系组织存在,保持和加强组织纽带,创造和维护组织文化,提高组织效率、效益,支持、促进组织不断进步发展的主要途径。沟通具有协调、激励、交流、创新、控制五项功能。

1)协调

人们为了满足社会需求而和他人沟通,从而实现合作或配合。人需要和他人沟通相处,就像是需要食物、水一样,一旦失去和他人接触的机会,绝大部分人会产生幻觉,会变得心理失调。我们可以连续长时间地交谈琐碎的事情,交谈不见得有意义的信息,因为它满足了我们互动的需求而觉得身心愉快。

俗话说:"人心齐,泰山移。"在班组外部环境中,任何一个班组长都需要与所在车间人员、其他班组的班组长、社会人员等发生各种各样的联系,班组必须与之充分协调,了解其需要,然后才能采取措施满足其需要。在班组内部环境中,班组长必须了解班组职工各个方面的信息,包括职工的生理、心理等特点以及职工与职工之间的关系,这样才能协调各个岗位的职工向着共同的目标前进。另外,沟通的协调作用还使班组内外部环境形成了一个有机的综合整体。

2)激励

激励是管理永恒的主题,管理沟通是实施有效激励的基本途径。一方面,班组长运用管理技巧,采取有效措施调动职工积极性的基本前提是班组长必须了解职工的需求,而这就需要沟通来实现。另一方面,职工不仅有物质上的需求,而且有精神上的需求,实施有效沟通能使职工主动地进行上下左右互动交流,发表自己的看法、建议,从而极大地满足职工自我实现的需求,并不断激发他们的积极性和创造性。

3）交流

管理沟通的一个重要职能就是交流信息。员工在生产过程中必须及时地将有关信息传递给班组长,如果信息交流中断,后果不堪设想。班组职工之间的信息流动有助于满足职工的心理需求,有助于改善人际关系,有助于使职工产生强烈的归属感。

4）创新

创新是企业发展活力的表现,而管理沟通则是企业创新方案的主要来源。班组内职工的有效沟通,不仅能使班组长迅速发现问题并获取大量的宝贵建议,而且有助于职工相互讨论、相互启发、共同思考,迸发出新的创意,为班组创新提供强大发展动力。

5）控制

控制是为保证任务目标实现而对内部管理活动及其效果进行衡量和矫正的一种管理行为。班组安全风险的有效控制的前提是信息的获取,一切信息的传递是为了实现有效控制,而一切有效控制都依赖于信息的传递,有效的管理沟通能够为控制提供基本的前提和保障。

 案例分析

不会沟通,从同事到冤家

小贾是公司销售部的一名员工,为人比较随和,不喜争执,和同事的关系处得都比较好。但是,前一段时间,不知道为什么,同一部门的小李老是处处和他过不去,有时候还故意在别人面前指桑骂槐,对跟他合作的工作任务也都有意让小贾做得更多,甚至还抢了小贾的好几个老客户。

起初,小贾觉得都是同事,没什么大不了的,忍一忍就算了。但是,看到小李如此嚣张,小贾一赌气,告到了经理那儿。经理把小李批评了一通,从此,小贾和小李成了绝对的冤家了。

点评:

小贾所遇到的事情是在工作中常常出现的一个问题。在一段时间里,同事小李对他的态度大为改变,这应该是让小贾有所警觉的,应该留心是不是哪里出了问题了。但是,小贾只是一味地忍让,这个忍让不是一个好办法,更重要的是应该多沟通。

小贾应该考虑是不是小李有了一些什么想法,有了一些误会,才让他对自己的态度变得这么恶劣。小贾应该主动及时地和小李进行一次真诚的沟通,比如问问小李是不是自己什么地方做得不对,让他难堪了之类的。任何一个人都不喜欢与人结怨,如果能在他们之间的误会和矛盾比较浅的时候及时沟通,问题可能就消失了。

但是结果是,小贾到了忍不下去的时候,他选择了告状。其实,找主管来说明一些事情,不能说方法不对,关键是怎么处理。但是在这里,小贾、部门主管、小李三人犯了一个共同的错误,那就是没有坚持"对事不对人",主管做事也过于草率,没有起到应有的调节作用,他的一番批评反而加剧了二人之间的矛盾。正确的做法应该是把双方产生误会、矛盾的疙瘩解开,加强员工的沟通,我想这样做的结果肯定会好得多。

我们每一个人都应该学会主动地沟通、真诚地沟通、有策略地沟通,如此一来就可以化解很多工作与生活中的误会和矛盾。

4. 沟通礼仪注意事项

(1)表情自然。表情通常是指一个人面部的表情,即一个人面部的神态、气色的变化和状态。人们在沟通时所呈现出来的种种表情,往往也反映出一个人的心态、动机。为了体现自己沟通的诚意和热情,应当对表情予以充分注意。

(2)举止得体。人们在沟通时往往会伴随着做出一些有意无意的行为动作。这些行为动作通常是自身对沟通内容和沟通对象的真实态度的反映。因此,有必要对自己的举止予以规范和控制。

一是把握好适度的动作。例如,发言者可用适当的手势来补充说明其所阐述的具体事由。倾听者则可以点头、微笑来反馈"我正在注意听""我很感兴趣"等信息。适度的举止既可表达敬人之意,又有利于双方的沟通和交流。

二是避免过分、多余的动作。与人沟通时可以有动作,但不可手舞足蹈、拉拉扯扯、勾肩搭背。为表达敬人之意,切勿在对方说话时左顾右盼,或是双手置于脑后,或是高架二郎腿,甚至剪指甲、挖耳朵等。与对方沟通时应尽量避免打哈欠,如果实在忍不住,也应侧头掩口,并向他人致歉。尤其应当注意的是,不要在沟通时以手指指向对方,因为这种动作有轻蔑之意,是不尊重对方的行为。

(3)遵守惯例。除了表情和举止之外,在沟通时往往能通过一些细节来体现自己的谈话态度。为表达自己的诚意、礼貌与热忱,在这些细节的处理上要遵守一定的俗成惯例。

①注意倾听。倾听是与沟通过程相伴而行的一个重要环节,也是沟通顺利进行的必要条件(图2-5)。在沟通时务必要认真聆听对方的言语,用表情举止予以配合,从而表达自己的尊重,并为积极融入沟通中去做最充分的准备。切不可对他人言语不闻不问,甚至随意打断对方的发言。

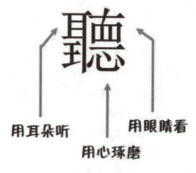

图2-5 "听"的艺术

②谨慎插话。沟通中不要随便打断别人的话,要尽量让对方把话说完再发表自己的看法。如确实想要插话,应向对方打招呼:"对不起,我插一句话行吗?"但所插之言不可冗长,一两句话点到即可。

③礼貌进退。与别人沟通之前应先打招呼,征得对方同意后方可加入。相应地,他人想加入己方沟通,则应以握手、点头或微笑表示欢迎。如果别人在个别沟通,就不要凑上去旁听。若确实有事需与其中某人说话,也应等到别人说完后再提出要求。沟通中若遇有急事需要处理,应向对方打招呼并表示歉意。值得注意的是,男士一般情况下不宜参与女士圈子的沟通。

④注意交流。交谈是一个双向或多向交流过程,需要各方的积极参与。因此在沟通时注意要顾及对方的言语,切勿形成"一言堂"的局面。

三、有效沟通

1. 有效沟通的概念

人是复杂的感情动物,在同一件事情上,不同的人往往有巨大的意见分歧,沟通的价值在于可以弥合这些分歧,在一定程度上达成共识,是一种常见的人际交往行为。而在现实生活中,许多沟通都是漫无目的的,体现不了沟通的价值,我们称之为"无效沟通";与之相对应的则是"有效沟通",即通过听、说、读、写等思维的载体,通过演讲、会见、对话、讨论、信件等方式将思维准确、恰当地表达出来,以促使对方更好地接受。

2. 有效沟通的作用

有效的沟通是提高企业组织运行效益的一个重要环节。实现管理沟通规范化,也就是通过把高效、科学的沟通技巧和方法作为管理人员的一种具体管理行为规范确立下来,让每个管理人员都遵照执行。实现管理的有效沟通,意义重大,其作用有三个方面:

(1)有效沟通是保证下属员工做好工作的前提。只有通过有效的沟通使下属明白他的工作目标要求、所要承担的责任、完成工作后的个人利益,他才能确知做什么、做到什么程度,自己选择什么态度去做。

(2)有效沟通是激发下属员工工作热情和积极性的一个重要方式。班组长与下属经常就下属所承担的工作,以及他的工作与整个企业发展的联系进行沟通,下属员工就会受到鼓舞,就会使他感觉到自己受到的尊重和他工作本身的价值。这也就直接给下属带来了自我价值的满足,他们的工作热情和积极性就会自然而然地得到提升。

(3)有效沟通是下属员工做好工作的一个保障。只有通过沟通,班组长才能准确、及时地把握下属员工的工作进展、工作难题,并及时为下属工作中的难题的解决提供支持和帮助。这有助于员工的工作按照要求、及时、高质量地完成,进而保证整个班组、部门,乃至整个企业的工作协调进行。

3. 有效沟通的障碍

沟通障碍是人际、团体之间交流意见、传递信息时所存在的困难,有如下几种类型:

(1)语言障碍。语言是交流思想的工具,但不是思想本身,加之人们用语言表达思想的能力千差万别,故用语言表达思想、交流信息时,难免出现误差。

(2)观念障碍。人们的社会经历不同、信念不同,对事物的态度和观点也必然不同,不能避免意见沟通中的观念冲突。

(3)气质障碍。人的个性不同,气质不同,交流信息时难免发生困难。

造成沟通障碍的因素很多,除了人的因素之外,还有物的因素。领导者的责任就在于采取办法消除这些障碍,疏通渠道,使组织、个人之间的沟通畅通无阻。

沟通障碍主要来自发送者的障碍、接收者的障碍和信息传播通道的障碍三个方面。

首先,在沟通过程中,信息发送者的情绪、倾向、个人感受、表达能力、判断力等都会影响信息的完整传递。障碍主要表现为:表达能力不佳;信息传送不全;信息传递不及时或不适时;知识经验的局限;对信息的过滤。

其次,从信息接收者的角度看,影响信息沟通的因素主要有:信息译码不准确;对信息的筛选;对信息的承受力障碍;心理上的障碍;过早地评价。

最后,沟通通道的问题也会影响到沟通的效果。沟通通道障碍主要有以下几个方面:第一,选择沟通媒介不当。比如对于重要事情而言,口头传达效果较差,因为接收者会认为"口说无凭""随便说说"而不加重视。第二,几种媒介相互冲突。当信息用几种形式传送时,如果相互之间不协调,会使接收者难以理解传递的信息内容。如领导表扬下属时面部表情很严肃甚至皱着眉头,就会让下属感到迷惑。第三,沟通渠道过长。组织机构庞大,内部层次多,从最高层传递信息到最低层,从最低层汇总情况到最高层,中间环节太多,容易使信息损失较大。第四,外部干扰。信息沟通过程中经常会受到自然界各种物理噪声、机器故障的影响,或被其他事物所干扰,也会因双方距离太远而沟通不便,影响沟通效果。

城市轨道交通运营企业不同岗位的员工,往往拥有不同的背景,他们面对的乘客更是千差万别。因此,在日常工作和交流中,意识到语言及个体其他方面差异的存在,根据不同的实际情况采取合适的沟通方式会极大地减少沟通障碍。

 案例分析

张丹峰的苦恼

张丹峰刚刚从名校管理学硕士毕业,出任某大型企业的制造部门经理。张丹峰一上任,就对制造部门进行改造。张丹峰发现生产现场的数据很难及时反馈上来,于是决定从生产报表上开始改造。借鉴跨国公司的生产报表,张丹峰设计了一份非常完美的生产报表,从报表中可以看出生产中的任何一个细节。

每天早上,所有的生产数据都会及时地放在张丹峰的桌子上,张丹峰很高兴,认为他拿到了生产的第一手数据。没过几天,出现了一次大的品质事故,但报表上根本没有反映出来,张丹峰这才知道,报表的数据都是随意填写上去的。

为了这件事情,张丹峰多次开会强调认真填写报表的重要性,但每次开会后,在开始几天可以起到一定的效果,但过不了几天又返回到原来的状态。张丹峰怎么也想不通。

点评:

张丹峰的苦恼是很多企业中经理人一个普遍的烦恼。现场的操作工人很难理解张丹峰的目的,因为数据分析距离他们太遥远了。大多数工人只知道好好干活,拿工资养家糊口。不同的人,他们所站的高度不一样,单纯地强调、开会,效果是不明显的。

站在工人的角度去理解,虽然张丹峰不断强调认真填写生产报表有利于改善,但这距离他们比较远,而且大多数工人认为这和他们没有多大关系。后来,张丹峰将生产报表与业绩奖金挂钩,并要求干部经常检查,工人们才认真填写报表。在沟通中,不要简单地认为所有人的认识、看法、高度都和自己是一致的,对待不同的人,要采取不同的模式,要用对方"听得懂"的语言与人沟通!

4. 有效沟通的要求及技巧

认为沟通是很简单的事,从而在管理沟通中不愿花精力、投入时间,准备不充分,实施沟通不慎重,必然不会实现有效的沟通。沟通本身就是与他人进行深层交往,并且具有明确的目的,是要通过沟通解决特定的问题。而任何一个沟通对象都是有自己独立的利益和意志的人,投入精力,慎重地实施沟通,还不一定能够达到理解和认同的目的,不慎重对待,这就必然难以获得良好有效的沟通效果。进行有效沟通,必须克服沟通障碍,所以,首先要有积极而慎重的态度,并在此基础上,进行认真准备、严肃实施、艺术表达、用心倾听和积极反馈。

1) 认真准备

分析确定沟通对象的个人特征,包括利益特征、性格特征、价值特征、人际关系特征等,并把握其可能的态度;认真准备沟通表达内容,尽可能做到条理清楚、简明扼要、用语通俗易懂,并拟写沟通表达提纲;选择恰当的沟通方式,即使是选择面对面沟通,也要事先确定沟通的方式,是直接告知,还是婉言暗示,是正面陈述,还是比喻说明,都要事先进行选择和设计;在与沟通对象交换意见的基础上,共同确立沟通的时间、时限和地点。

2) 严肃实施

准备工作做充分了,也就为有效的沟通奠定了基础,但要保证沟通的效果,在实施沟通的过程中还必须严肃对待,尤其是要注意避免以下问题的发生:高高在上,难有平等的心态对待沟通对象;对沟通对象不尊重、不礼貌;以冷嘲热讽的语气与沟通对象讲话;正面反驳对方;随意打断对方的讲话;心不在焉地听沟通对象讲话;过于夸张的手势;否定对方价值的用词。

3) 艺术表达

所谓表达就是向你的听众阐述你的思想、主张、要求、建议,意在推销你的观念,发表你的见解,提出你的要求。沟通不是简单地用逻辑分析来说服对方,而是要用沟通对象自己所提供的事实,以及对方不能否认的事实,与对方个人的利益建立起直接的联系,以诱导对方。在这里要绝对避免的问题是:把自己的观点以雄辩的方式强加给对方,让对方感到自己弱智或者输理。沟通的一个主要作用,就是向沟通对象传达自己的想法和情感,这就决定了表达是沟通的最重要环节,因而表达方式的选择就显得极为重要。没有艺术的表达方式,要达到良好有效的沟通效果也是不可能的。

艺术表达的要求及技巧:从对方感兴趣的话题入手;以对方可以认同的话开场;紧紧围绕对方的利益来展开话题;多提问,了解对方的想法和态度;以商讨的口吻向对方传达自己的主张和意见;以求教、征求对方意见的方式来提出自己的建议;注意力高度集中,尽可能多地与对方进行目光对接交换;运用动作适中的身体语言辅助传达信息;借助有情节的表达,比如讲故事,来阐述自己的观点;避免过多地使用专业术语;适当地重复,以强调沟通要点。

4) 用心倾听

所谓倾听就是要充分给沟通对象以阐述自己的意见和想法的机会,并设身处地地依照沟通对象表达的思路来思考,找出对方说话的合理性,以充分了解沟通对象,收集自己所不知道的信息,并把沟通对象引导到所要沟通讨论的议题上来,使沟通对象感到自身的价值和所受到的尊重。

大多数人都有一种表达的欲望,希望有机会阐述自己的意见、观点和情感,所以,如果你给他一个机会,让他尽情地说出自己想说的话,他们会立即觉得你和蔼可亲、值得信赖。很多人在交往中不能给人留下一个良好的印象,不是因为口才不好、表达不够,而是由于不会倾听,没有耐心地听别人讲话。别人讲话的时候,他们四处环顾、心不在焉,或者强行插话,打断对方的讲话,让对方感到忍无可忍。

用心倾听的基本要求:不断向沟通对象传递接纳、信任与尊重的信号,或者偶尔复述沟通对象讲的话,或者用鼓励、请求的语言激发对方。努力推测沟通对象可能想说的话,这有助于更好地理解和体会沟通对象的感情,但不能对沟通对象的话进行假设之后,就把假设当真,不再认真倾听,尤其要克服自己的偏见,不要受先入为主的心理影响。保持与沟通对象的眼神接触,但又要避免长时间地盯着沟通对象,否则会使沟通对象感到不安。端正坐姿,并让身体稍稍前倾,面对沟通对象,在他讲话时,不时地做一些笔记,尤其要注意不要给对方一种无精打采的感觉。如果突然有电话打进来,可明确告诉对方过一会儿再打过来;如果电话内容紧急而重要,必须接听,也要向沟通对象说明原因,表示歉意。不要东张西望,若有所思,避免跷着二郎腿、双手抱胸、双目仰视天花板等一些容易使沟通对象误以为你不耐烦、抗拒或高傲的行为举止。在倾听过程中,如果没有听清楚,没有理解,或是想得到更多的信息,澄清一些问题,希望沟通对象重复,可在适当的情况下,直接把自己的想法告知沟通对象。以热诚、友善的态度倾听,避免任何冷漠、自我优越感、吹毛求疵的行为。要有心理准备听取不同意见,即使沟通对象所说的话伤害了你,也不要马上在脸色、语调上表现出来,至少要让人把话说完。

5) 积极反馈

所谓反馈就是在沟通过程中,对沟通对象所表述的观念、想法和要求给予态度上的回应,让对方明白自己的态度和想法。这种反馈既可以主动寻求,也可以主动给予。在现实中,有些管理人员总是想到要把自己的观点、想法灌输给对方,让对方无条件地接受,往往不寻求对方的反馈,也不对对方的反馈进行分析,调整自己的想法和思路。其结果是沟通的时间花了不少,但毫无沟通效果,总是沟而不通。

对于一个完整的、有效的沟通来说,仅仅有表达和倾听是不够的,还必须有第三个反馈环节,即信息的接收者在接收信息后,及时地回应沟通对象,向沟通对象告知自己的理解和意见、态度,以便澄清"表达"和"倾听"过程中可能出现的误解和失真。

积极反馈的基本要求如下:避免在对方情绪激动时反馈自己的意见,尤其当要做一个与对方所寻求的意见不一致的反馈时;避免全盘否定性的评价,或者向沟通对象泼冷水,即使要批评下属,也必须先赞扬下属工作中积极的一面,再针对需要改进的地方提出建设性的建议,以让下属能心悦诚服地接受;使用描述性而不是评价性的语言进行反馈,尤其强调要对事不对人,避免把对事的分析处理变成对人的褒贬,既要使沟通对象明白自己的意见和态度,又要有助于对方行为的改变;向沟通对象明确表示你将考虑如何采取行动,让对方感觉到这种沟通有立竿见影的效果,以增加沟通对象对你的信任;站在沟通对象的立场上,针对沟通对象所需要的信息进行反馈,反馈要表达明确、具体,若有不同意见,要提供实例说明,避免发生正面冲突;针对沟通对象可以改变的行为进行反馈,要把反馈的重点放在最重要的问题上,以确保沟通对象的接受和理解。

四、人际冲突处理

人际冲突是两个以上的人因互动行为所导致的不和谐的状态,其实质是观点差异,它是一种十分普遍的现象,可以说,只要有人群的地方,就必然存在人际冲突。人际冲突的管理是解决人与人在交往和沟通的过程中产生的一些摩擦或者不愉快,是班组日常管理中最常发生的事情之一。

1. 定义

人际冲突指两个或更多组织成员之间,由于反应或看法的不相容性而产生的紧张状态。人际冲突发生于个体与个体之间,是群体和组织之间冲突的基础。在对人际冲突的原因进行准确分析的基础上对其进行有效的管理,对于建立和谐的人际关系,提高团队与组织的凝聚力,具有十分重要的意义。

从冲突的性质来看,人际冲突可以分为两类:建设性冲突与破坏性冲突。建设性冲突的特点主要有:冲突双方对实现共同的目标都十分关心;彼此乐意了解对方的观点、意见;大家以争论问题为中心;互相交换情况不断增加。破坏性冲突的特点主要有:双方对赢得自己观点的胜利十分关心;不愿听取对方的观点、意见;由问题的争论转为人身攻击;互相交换情况不断减少,以至完全停止。一般来说,组织内部需要适当的建设性冲突,破坏性冲突则应该被降低到最低程度。

2. 产生的原因

人际冲突是人际交往中普遍存在的一种社会互动行为,是日常生活及工作中常见的现象。人和人之间利益的不同、沟通的障碍、认知观念的差别、个性的差异都有可能造成冲突的发生,具体有以下几个方面:

(1)权责归属的冲突。

工作往往以团队的形式进行组织,工作范围难免有模糊地带,每个人都希望自己有更大的决定权,同时又希望自己所需要承担的责任越少越好。在这种心态下就特别容易产生冲突。

(2)层级所产生的冲突。

不同层级之间的沟通要清楚地表达自己的意见又要让对方接受是件不容易的事,每个层级的人在面对工作任务时思考的方式是存在差异的。

(3)利益的冲突。

绩效的考核、升迁是衡量工作表现的重要指标,每个人都希望能够表现最好的绩效,但很可能会不小心或无意识地侵害他人的利益导致产生冲突。

(4)沟通技巧不佳。

只在意讲出自己的话,不管别人要不要听,有时在沟通的时候缺乏聆听和同理心,缺乏清晰的表达,在误解信息时又将责任归咎于对方。

(5)个人特质。

情绪控制不好、工作能力不佳、不尊重别人的权益、不懂得换位思考也会引发冲突。

(6)外在的因素。

家庭因素或是个人竞技因素引发的压力,导致情绪失控而发生与他人的冲突。

3. 冲突的处理

产生冲突的根本原因就是差异,虽然并不是所有的差异都会造成冲突,但是冲突一定是因为两个人在某些方面产生了不同。而且,从心理学的角度说,很多时候这些差异是在我们意识不到的情况下产生的。所以,人际关系中的冲突是不可避免的,我们需要做的,是学会与冲突相处,而不是期望消灭它。

冲突处理是一门学问,得法者事半功倍,失法者事倍功半。冲突处理得好,能够化解矛盾,重建和谐;冲突处理不当,则会对人际关系及个体身心健康产生很大危害。

1)冲突处理的原则

法者,章法也,原则也。冲突管理若失去"章法",把握不住原则,则不仅会事倍功半,而且可能事与愿违,适得其反。因此,冲突管理要遵循一定的原则:

(1)倡导建设性冲突,避免破坏性冲突,把冲突控制在适当水平的原则。

这是现代西方冲突理论文献中论述的最主要的冲突管理的原则。冲突既有积极影响的一面,又有消极影响的一面,冲突水平的过高和过低都会给组织和群体带来危害。因此,在冲突管理中应当奉行这一原则,对于引起冲突的各种因素、冲突过程、冲突行为加以正确处理和控制,努力把已出现的冲突引向建设性轨道,尽量避免破坏性冲突的发生和发展,适度地诱发建设性冲突并把冲突维持在所需的水平之上,以便达成"弃其弊而用其利"的冲突管理目标。

(2)实行全面系统的冲突管理,而不是局限于事后的冲突控制和解决冲突的原则。

传统的冲突管理把工作的重点放在冲突发生后的控制或解决上,比较被动、片面。实际上冲突的形成、发展和影响是一个系统的过程,现代冲突管理理论认为,冲突管理不仅仅是公开冲突发生后的事情,而应当是潜在冲突、知觉冲突、意向冲突、行为冲突(公开冲突)、结局冲突等所有冲突阶段的事情,必须对冲突的产生、发展、变化、结果的全过程,所有因素、矛盾和问题进行全面管理,才能把原则落到实处,尽量减少破坏性冲突的消极作用,充分发挥建设性冲突的积极作用,最大限度地减少冲突管理的成本。

(3)持中、贵和、不走极端地处理冲突的原则。

这一原则源于中国传统文化的儒家思想,在现代冲突管理理论中也有所体现。在儒家思想中,所谓持中就是坚持中庸之道,凡事不能走极端,去其两端择其中以达和谐之境界。所谓贵和即和为贵、和为本、和为美,和而不同,以和统一差异性、多样性,以和作为解决矛盾的上策和根本。持中、贵和的思想与现代冲突管理的实践尤其是处理冲突的经验是相同或相近的,很有指导原则上的价值。这一原则告诫我们,在冲突管理中要注重和谐局面的保持,处理冲突时,不可极端而为,应当采取适当措施,求大同存小异,追求"共赢",维护整体利益,从而减少冲突的恶性发展风险和冲突管理的成本。

(4)具体问题具体分析,因地制宜处理冲突的原则。

这就是说,不存在一成不变,适用于一切组织和一切情况,放之四海而皆准的冲突管理理论和管理方法。必须针对具体的情况,根据所处的环境条件,实事求是地分析问题、认识问题,灵活采用适宜的策略和方法,随机应变地处理冲突,力求提高冲突管理的有效性。

2)冲突处理的方法

大多数人或者组织都会根据不同的情况比如冲突的来源、性质等改变自己或者组织对冲突的反应,处理方法也就会因人而异。总结来看,处理冲突一般有五种策略(图2-6):

(1)回避策略。特点是不合作,不武断,忽略或者放过问题,否认问题的存在。采用回避策略的理由是分歧太大或太小,大到难以解决,小到可以忽略;解决分歧也许会破坏关系或者产生更严重的问题。使用回避策略的时机:解决冲突带来的损失大于带来的利益;双方情绪比较激动的时候;为获取更多信息而暂时回避。

(2)迁就策略。这种策略往往受到欢迎,但是同时也被认为是软弱的表现,其特点是宽容,为了合作,不惜牺牲个人目标。采用迁就策略的理由是一件事情不值得冒险去破坏关系

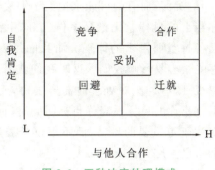

图 2-6　五种冲突处理模式

或者造成不和谐。使用迁就策略的时机：认为自己错了；这件事情对别人更具重要性；为将来重要的事情或个人信誉打下基础；和谐比相互竞争或者分裂更重要；帮助员工发展，允许他们在错误中吸取教训。

(3) 竞争策略。用竞争的方式处理冲突时，双方各站在自己的利益上思考问题，互不相让，一定要分出胜负、是非曲直。特点是：正面冲突，直接发生争论、争吵，或其他形式的对抗；冲突双方在冲突中都寻找自我利益而不考虑对他人的影响；竞争的双方都试图以牺牲他人的利益为代价来达到自己的目的，为了争赢而不顾冲突带来的后果。使用竞争策略的时机：当处于紧急情况下，需要迅速果断地做出决策并要及时采取行动；在公司至关重要的事情或利益上，你明确知道自己是正确的情况下。

(4) 妥协策略。就是双方各让一步，不能追求十全十美，但是有总比没有强，所以双方都放弃某些东西，共同分享利益。特点：这种策略比较适用于非原则性的问题，没有明显的输家和赢家，达到中等程度的合作。使用妥协策略的时机：目标的重要性处于中等程度；双方势均力敌；面对时间压力；协作与竞争方法失败后的预备措施。

(5) 合作策略。就是双方互惠互利，是一个双赢的策略。这种策略通常是非常受欢迎的，缺点是耗时长，而且不适用于解决思想方面的冲突。特点是双方互相支持、互相尊重、合作解决问题。采用合作策略的理由是双方的合作需要都是合理的、重要的，公开坦诚地讨论就能找到互惠的解决方案。使用合作策略的时机：双方的利益都很重要，不能折中；你的目标是学习、了解他人的观念；需要从不同的角度解决问题；决策的内容中有他人的建议和主张。

3) 冲突的有效处理思路

冲突其实是另一种有效的沟通方式，建设性处理冲突有时反而能实现共赢，成为团队高效的润滑剂。因此，掌握有效处理的方法十分重要。一般来说，我们要做好以下工作：

首先，搞清楚冲突发生的原因是什么，也就是找到冲突源。虽然发生冲突时，在强烈的对抗情绪影响下，我们都会倾向于认为对方是故意的，但实际上，多数情况下真正的原因仅仅是认知上的不对称。可能是因为你表达得不够充分，引起了对方的误解；也可能是别人只看到了你的行为，而歪曲了你的真正动机，等等。当你意识到存在这些可能性的时候，去认真地分析和梳理，在很多时候就可以化解一些不必要的矛盾。

其次，要评估对方的意愿，如果对方没有解决冲突的想法则不必强求问题的解决。我们常说，问题的产生不是单方面的，同样，冲突的解决也需要双方的共同努力。如果对方根本没有想解决问题的意愿，即使你想解决也是很困难的。要接受这样的事实，不是所有的问题都能立刻解决。有的需要时间的沉淀,而有的可能永远无法解决。我们要接纳这一点。

最后,不要让冲突影响你当下的目标。无论是工作也好,生活也好,我们都应该有一个自己的目标,这个目标是自己各种重要需求的体现。而我们每天都可能会遇到一些大大小小的冲突,冲突带来的负面感受很容易影响我们。这时我们就需要面对一些选择:哪些冲突需要解决,哪些则可以直接忽视;哪些冲突在处理时需要妥协,而哪些需要展现自己强硬的一面。要做好这些选择,依据就是你的目标。当你目标明确时,你会发现妥协和忍让也是有价值的,它让我们集中精力专注于更重要的事情,而不仅仅是委屈。因此,有时候对生活坚定的目标和方向感,也是帮助自己去应对冲突的重要工具。

4)班组人际冲突的有效处理

在人际冲突的处理过程中,由于个人解决冲突的失败,其中一方会采取公开的冲突形式。班组长对这种形式的人际冲突应根据人际冲突产生的原因与冲突程度采取不同的管理办法。有以下几种情况:

(1)如果班组人际冲突的产生是由分配不公造成的,则应让冲突双方直接会面,通过坦率真诚的讨论来确定问题并寻找解决问题的途径,从而消除人际冲突的根源。

(2)如果班组人际冲突的产生是由员工个人的处事风格与沟通能力造成的,则可以通过专门的人际关系培训来提高班组员工的人际交往能力,改变造成人际冲突的态度和行为。

(3)如果班组人际冲突是由员工与企业外的社会关系造成的,而且在班组内部并没有造成影响,则班组长可以对此采取回避或缓和的态度。

(4)如果通过以上几种方法仍然不能解决班组的人际冲突,并且这种冲突的危害在不断地扩大,这时班组长可以拟订方案上报车间下达命令,要求结束冲突。如果冲突双方继续冲突,则可以采取一定的经济处罚或行政处罚措施,以终止和结束冲突,从而使班组管理秩序正常化。

此外,由于城市轨道交通面向社会公众提供服务的特殊属性,班组在工作中还会遇到与乘客的冲突,包括乘客之间以及乘客与城市轨道交通客运服务人员之间的冲突。对于此类冲突问题的解决措施主要有:确定引起冲突的原因,并提出解决问题的方法;避免采取可能激怒乘客并使情况进一步恶化的行为;具备良好的"听""讲"两方面的交流沟通技能;不打断乘客的不满抱怨;遵循"可散不可聚、可解不可结、可顺不可激"的处理原则。

 案例分析

吵架"后遗症"

28岁的小明是某厂的班组长,管着几十个工人。在同事眼中,外表斯文的小明工作认真,管理严格,是一个胆大心细、有着美好前途的年轻人。谁都没有想到,小明每天上班,特别害怕遇见一个人,这会让他惶恐不安、六神无主,什么事都干不好,而这个人就是他班里的同事王大姐。为了躲开这个比自己大十多岁的同事,小明辞去了班组长的职务,并想尽了种种办法调离了原来的岗位,去了另外一个部门。费尽心思之后,小明发现问题还是解决不了,只要想到王大姐和自己在一个厂里上班,那种奇怪的恐惧就会涌上心头,现在连班都上不了了。

事情是这样的:王大姐在班上洗头,小明制止她,她却不服管。

"你管我呢!"

小明说了王大姐几句:"作为咱们单位的员工来讲,不应该做出违反厂规厂纪的事情,这样不但对咱们的名誉有损害,而且牵扯到咱们的经济利益。"

"你别管,到时候损害的是我自己的利益,和你没关系。"

"当然有关系了,咱们作为一个集体,而且我又作为你的一个小小的(不自信)领导,肯定对我也有所牵连。"

"那不用你管,你管不着我。"

小明觉得很委屈:"怎么着你也该尊重我。"

后来他们大吵一架,这件事让小明在同事面前威风扫地,自信心受到了很大的打击。一心想把工作干出个样来,可偏偏遇到了王大姐这样一个不服管的人。从那之后,王大姐不仅不服他的管理,还经常当着同事们的面对他冷嘲热讽,让小明很不舒服,他动手打了王大姐,王大姐找到厂领导,小明赔了王大姐500元。

开始小明以为调离原来的单位问题就解决了,但没想到,离王大姐远了,那种惶恐的感觉反而越来越强烈了,他实在想不明白自己堂堂一个男子汉,怎么就让一丁点儿的小事给难住了(图2-7)。

思考:如果你是小明,你有更好的解决办法吗?

图2-7　吵架"后遗症"

五、班组人际关系

班组是一个工作集体,由来自不同地方的人组成,每个人的性格和脾气也不一样。班组工作以团队形式开展,班组各成员要适应不同性格和脾气的人。班组的人际关系归根结底是一种成员间的合作关系,如何赢得与他人良好的合作,是班组需要关心的人际关系问题。

1. 班组人际关系类型

班组内部员工一般性格不同,人际关系复杂,在一起工作难免发生矛盾或产生误会,了解班组内部人际关系形态,有助于更好地开展工作。班组内部的人际关系可以分为三种类型:

1)小团体人际关系

小团体或帮派行为(图 2-8)都属于不正常心理行为,针对此现象,班组长要正确对待,敢于旗帜鲜明地批评教育,最好是经常到他们中去走动,参与一些有意义的活动。这样不仅增进了班组的团结,还无形中化解了小团体的消极作用。对于小团体中的不利于班组工作的言行则要进行个别谈话教育,积极引导,以提高认识,逐步将小团体融入班组体系中,共同参与班组管理。

图 2-8　小团体人际关系

2)个性化人际关系

班组中有个别人性情孤僻,不适应集体工作,在集体活动中表现漠然,使整个班组气氛显得沉闷和消极。针对这类人,班组长要注意尊重他们的个性,多让他们参与集体活动,并让他们感受到别人对他们的关注,使其体会到自己的价值,从而增强信心,激发出工作热情。

3)情绪化人际关系

班组工作、学习生活中的不愉快,家庭中的婚丧嫁娶、生老病死,都会从员工思想情绪上反映出来。如果班组长不能及时改善其思想情绪上微小的波动,任其带着情绪工作,就可能造成安全生产的事故隐患,甚至造成操作事故。班组长要善于观察每个成员的工作情绪,及时发现其不良状态,对成员给予帮助和关心。一句轻轻的问候、一次随意的谈心、一个信任的目光都能使成员感受到班组的关怀、集体的温暖。

2. 班组员工人际交往的技巧

提高人际交往魅力,构建良好的人际关系是班组工作中每个员工都应追求的一种工作状态,这关系到个人在集体工作中能否开心快乐,集体工作效率能否提高。除了遵守前述人际交往的基本原则外,个人要想提高自己的人际交往魅力,还需要做到以下几点:

第一,记住别人的姓或名,主动与人打招呼,称呼要得当,让别人觉得礼貌相待、倍受重视,给人以平易近人的印象。

第二,举止大方、坦然自若,使别人感到轻松、自在,激发交往动机。

第三,培养开朗、活泼的个性,让对方觉得和你在一起是愉快的。

第四,培养幽默风趣的言行,幽默而不失分寸,风趣而不显轻浮,给人以美的享受。与人交往要谦虚,待人要和气,懂得尊重他人。

第五,做到心平气和、不随便发牢骚,这样不仅自己快乐,别人也会心情愉悦。

第六，要注意运用语言的魅力：安慰受创伤的人，鼓励失败的人，恭贺真正取得成就的人，帮助有困难的人。

第七，处事果断、富有主见、精神饱满、充满自信的人容易激发别人的交往动机，博得别人的信任，产生使人乐意交往的魅力。

3. 班组长人际关系管理的技巧

一个充满活力的班组，必然有一个高素质的班组长。一个优秀的班组长，必然能营造出健康良好的班组氛围，从而激发出成员爱岗敬业的奉献精神。因此，正确处理好班组的各种人际关系应是班组长班组管理工作的重点。实际工作中，班组长做好以下几点，合理地处理好班组内的各种人际关系，充分调动班组成员的主观能动性，一定能使班组管理达到事半功倍的效果：

（1）严格班组成员管理，做一个富有管理威信的班组长。

在班组管理中，班组长对班组成员要遵循"严是爱、松是害"的基本理念，对班组成员要按原则办事、按制度严格管理，以身作则，教育引导正确的人生观、价值观和职业道德观，树立基本的正直与正义感，养成良好的工作习惯和工作态度，让其享用一生。这种爱是长远的、真诚的，能够使班组成员快速成长起来，同时也很好地树立了班组长的管理威信，推动了班组管理。班组成员即使有意见也是暂时的，多年以后，他们仍会由衷地感激"老班长"所给予的教导和帮助。而对班组成员讲"哥们义气"、放任自流，只能是一时之好、长远之害，使班组管理工作无法有效开展，使下属在成长的道路上多走弯路。

（2）妥善处理班组成员关系，做一个值得信赖的班组长。

在处理问题时，作为班组长要避免感情用事，讲远近亲疏、厚此薄彼，不讲原则而凭关系或个人好恶办事，就会使班组成员感受到不公平的待遇，对你失去信任，极易产生消极怠工和抵触的情绪。班组成员之间因地域、性格、文化、技能等各个方面的差异，难免发生矛盾或产生误会，班组长应及早介入、化解矛盾，否则可能导致矛盾扩大、班组工作无法开展。在对待先进的、积极进取的优秀员工和落后的、表现和技能稍差些的员工时，对前者要给予鼓励，而对后者也要耐心地给予教育引导，不能人为地导致班组团队"两极分化"，而要有公平公正的心理、热情耐心的态度、严谨的作风，应创造"先进更先进、后进赶先进"的良好氛围，增强凝聚力，打造团结战斗的班组集体，实现共同进步。

（3）胸怀宽阔、细致入微，做一个令人信服的班组长。

在日常工作中，作为班组长应具备严于律己、宽以待人的胸怀和虚怀若谷的大将风度，在工作中身先士卒，用自己的实际行动感召、感化班组成员。如心胸狭窄、凡事斤斤计较，就会使班组成员对你难以信服，不但自己精神压力越来越大，也使整个班组的工作处于被动，难有起色，甚至使个别人对本职工作产生厌恶感，造成班组人心不稳，直接影响班组的安全生产。班组中可能有个别人性情孤僻，在集体活动中表现漠然，不大合群，让整个班组气氛显得沉闷和消极，但这些人大多是有潜能、有专长、有追求的，只不过因自尊心特强、特别敏感而显得性情孤僻，不善于处理人际关系。针对这类人，班组长要注意深入其中，尊重他们的个性，了解他们的内心世界，多让他们参与集体活动，安排能够发挥其特长的工作，让他们感受到你对他们的关注，使他们处处体会到自己的价值，从而增强信心，逐渐从自我压抑的状态中振作起来，激发出工作热情。切忌对他们动辄采取批评、打压和不屑一顾的抛弃态度，这样不仅会破坏集体氛围，还会使他们越来越孤立，更会使班组人心涣散。

(4) 关心员工疾苦和困难,做一个富有人文情怀的班组长。

在人的一生中,难免出现一些不愉快的生活琐事,遇到一些不可避免的困难,甚至天灾人祸,这些都会给当事人带来很大的思想压力,会从思想情绪上反映出来并带到班组工作之中。作为班组长要及时观察员工的变化,经常性地关心班组成员,善于发现问题,把握他们的思想动态,尽力帮助他们解决困难,使他们感受到班组的温暖,改善其思想情绪上微小的波动。如果粗心大意、漠不关心,任其带着情绪工作,就可能导致一些小摩擦,甚至造成安全生产的事故隐患或其他操作事故。其实一句轻轻的问候、一次紧紧的握手、一次随意的谈心、一个传递信心与力量的目光,都能使班组成员感受到你的关怀、集体的温暖,增添他无穷的战斗力。

(5) 授人以鱼不如授人以渔,做一个师傅型的班组长。

在班组实际工作中,班组长的任务就是要提高班组成员的操作技能、增强安全防范意识、推进班组生产任务与管理目标的实现,那么首先要手把手地教给班组成员公司管理制度、岗位操作规程、安全防范措施,要指导他们怎么做,还要让他们知道为什么这么做,通过一个教导的过程,不断提高班组成员整体的工作技能、发现问题和处理问题的能力,使其掌握更多的工作方式方法,而不能只顾自己埋头苦干,忽视班组整体能力的提高与进步(图 2-9)。

图 2-9　授人以渔

(6) 处理好班组之间的关系,做一个组织有序的班组长。

在交接班工作中,班组之间难免因为工作问题产生一些矛盾。如果不能正确对待工作中的问题并妥善处理,就会导致班组之间关系的恶化,直接影响接班者的工作情绪,导致事故的发生。因此,不能忽视这方面的人际关系。对于接班者来说,交班者提出的问题只要存在,就应无条件地接受并处理好,对重点难点问题必要时开个班务会,查明原因,制定措施,加以杜绝;对于交班者来说,当班应处理、能处理的问题绝不交给下一班。同时,在日常管理中班组之间可以搞一些小指标竞赛、技术比武和联合参加公司活动等,长此以往,班组之间的关系一定能够非常融洽。

案例分析

刘力是厂里的工人技术骨干,为人老实厚道,多次在公司电工比武中名列前茅,后来车间领导任命刘力为电工班班长。刘力好钻研,电工方面的技术问题很少能难倒他,担任班长后,刘力更加任劳任怨,不管是电气设备检修还是运行线路的维护,每天从早忙到晚,手脚不得闲。刘力还有个特点,就是不太爱说话,平时和领导、同事们的交流就很少,车间调度会他很少发言,班前会也只是简短几句布置一下任务,私下里和领导、班组成员几乎没有什么来往。班组成员身体不舒服,家里有什么事,情绪有什么波动,他很少也没有时间注意到。

他认为班长最重要的是以身作则,带头完成各项工作任务,再说,每天班上有那么多活要做,把精力用在鸡毛蒜皮的人际关系上没有必要。

思考:刘力是个称职的班长吗?他的问题在哪?

任务4 心理健康管理

学习要求

1. 了解心理健康的定义及标准。
2. 了解不健康心理的表现。
3. 了解影响员工心理健康的因素。
4. 掌握员工心理健康管理的方法。

一、心理健康的定义

健康不仅是没有躯体的残缺和疾病,还要有完整的生理、心理状态以及社会适应能力,即包括身体健康、心理健康和具有良好的社会适应能力,这是世界卫生组织关于健康的定义。

这无疑表明,人不仅要重视生理健康,而且要珍视心理健康。

《心理咨询大百科全书》中"心理健康"是指个体在一般适应能力,自我满足能力,人际各种角色的扮演,智慧能力,对他人的积极态度,创造性,自主性,成熟性,对自己有利的态度、情绪与动机的自我控制方面达到正常或良好水平。

二、心理健康的标准

心理健康有诸多标准,迄今没有绝对的标准,国内外学者从各自的角度各有不同的表述。美国心理学家奥尔波特认为心理健康包括以下七个方面:
(1)能主动、直接地将自己延伸到自身以外的兴趣和活动中。

(2)具有对别人表示同情、亲密或爱的能力。
(3)能够接纳自己的一切,好坏优劣都如此。
(4)能够准确、客观地知觉现实和接受现实。
(5)能够形成各种技能和能力,专注和高水平地胜任自己的工作。
(6)自我形象现实、客观,知道自己的现状和特点。
(7)能着眼未来,行为的动力来自长期的目标和计划。

著名心理学家马斯洛和密特尔曼提出了正常心理应满足的十条标准:
(1)有足够的自我安全感。
(2)能充分地了解自己,并能对自己的能力做出适度的评价。
(3)生活理想切合实际。
(4)不脱离周围现实环境。
(5)能保持人格的完整与和谐。
(6)善于从经验中学习。
(7)保持适当和良好的人际关系。
(8)适度地表达和控制自己的情绪。
(9)在集体允许的前提下,有限度地发挥自己的个性。
(10)在社会规范的范围内,适度地满足个人的基本要求。

国内学者马建青1992年从临床的角度提出心理健康的七条标准:
(1)智力正常:智力是人的观察力、注意力、想象力、思维力和实践活动能力等的综合。智力正常是人正常生活的最基本的心理条件。智力低下者在社会适应、学习、工作、生活中会遇到障碍,容易产生心理不平衡,而导致自卑和抑郁的产生。
(2)善于调控情绪:情绪在心理健康中起着重要作用。心理健康者能经常保持愉快、开朗、自信、满足的心境,善于从生活中寻求乐趣,对生活充满希望。更重要的是情绪稳定性好,具有调节控制自己的情绪以保持与周围环境的动态平衡的能力。
(3)具有较强的意志:意志特征在人的个性中占有重要地位,也是心理是否健康的重要表现,健康的意志品质主要表现为自觉、果断、坚韧、自制。
(4)人际关系和谐:个体的心理健康状况主要是在与他人的交往中表现出来的。和谐的人际关系既是心理健康不可缺少的条件,也是获得心理健康的重要途径。
(5)能动地适应和改造现实环境:一个心理健康的人,其心理行为能顺应社会文化的进步趋势,能动地适应和改造现实环境,具有积极的处世态度,与社会广泛接触,对社会现状有较清晰正确的认识,以达到自我实现与对社会奉献的协调统一。
(6)人格完整与稳定:人格是个体比较稳定的心理特征的总和。心理健康的最终目标是使人保持人格的完整性和稳定性,从而培养健全的人格。
(7)心理行为符合年龄特征:人的心理行为表现应与生理发展阶段相符。心理健康者应具有与同年龄多数人相符合的心理行为特征。一个人的心理行为经常严重偏离自己的年龄特征,一般都是心理不健康的表现。

三、不健康心理

心理健康的标准是相对的,相比较于心理健康,个体存在病态心理或者处于心理失衡和心理亚健康状态都称为"心理不健康"。心理问题不同于生理疾病,它是由人内在精神因素,准确地说是大脑中枢神经控制系统所引发的一系列问题,它会间接地改变人的性格、世界观及情绪等。根据世界卫生组织对健康"四位一体"(即躯体健康、心理健康、社会适应性健康、道德健康四位一体)的全新定义,心理亚健康是指在环境影响下由遗传和先天条件所决定的心理特征(如性格、喜好、情感、智力、承受力等)造成的健康问题,是介于心理健康和心理疾病之间的中间状态。

心理缺陷就是一种常见的心理亚健康,是指无法保持正常人所具备的心理调节和适应等平衡能力,心理特点明显偏离心理健康标准,但不属于心理疾病范畴。心理缺陷的后果是社会适应不良。在现实生活和工作中,最常见的心理缺陷是性格缺陷和情感缺陷。

1. 性格缺陷

无力性格:这种人精力和体力不足,容易疲乏,常述说躯体不适,有疑病倾向。情绪常处于不愉快状态,缺乏克服困难的勇气。这种人对精神压力和身心矛盾易产生心理过敏反应,由此可诱发心理疾病。

不适应性格:主要表现为社会适应不良。这种人的人际关系和对社会环境的适应能力很差,判断和辨别能力不足。在不良的社会环境影响之下,容易发生不良行为。

偏执性格:性格固执,敏感多疑,容易产生嫉妒心理。考虑问题常以自我为中心,遇事有责备他人的倾向。这种心理缺陷如不注意纠正,可以发展为偏执性精神病。

分裂性格:性格内向,孤独怕羞,情感冷漠。社会适应和人际关系很差。喜欢独自活动。此种心理缺陷易发展为精神分裂症。

爆发性格:平时性格黏滞,不灵活,遇到微小的刺激即引起爆发性愤怒或激动。

强迫性格:强迫追求自我安全感和躯体健康。可有程度不同的强迫观念和强迫行为。强迫性格的人易发展为强迫症。

癔症性格:心理发展不成熟,常以自我为中心。感情丰富而不深刻。热情有余,稳定不足。容易接受暗示,好表现自己。这种性格的人,容易发展为癔症。

攻击性格:性格外向、好斗。情绪高度不稳定,容易兴奋、冲动。往往对人、对社会表现出敌意和攻击行为。

2. 情感缺陷

焦虑状态:对客观事物和人际关系,表现出不必要的焦虑、紧张,经常忧心忡忡、疑虑不快。虽然具有强烈的生存欲望,但对自己的健康和疾病存有忧虑。

抑郁状态:情绪经常处于忧郁、沮丧、悲哀、苦闷状态。常有长吁短叹和哭泣表现。这种人缺乏生活的动力和情趣,生存欲望低下。

疑病状态:常有疑病情绪反应,有疑病性不适症状。自我暗示性强,求医心切。

躁狂状态:情绪高涨、兴奋,活跃好动,动作增多,交际频繁,声音高亢,有强烈的欣快感。这种状态易发展为躁狂症。

激情状态:经常呈现出激情状态,应视为心理缺陷。

淡漠状态:对外界客观事物和自身状况漠不关心,无动于衷。在人际关系方面表现为孤独、不合群。

幼稚状态:心理年龄明显落后于实际年龄。情绪幼稚化,表现出"老小孩"式情感。

反常状态:情感反常,不协调,甚至出现矛盾的情感状态。

四、影响员工心理健康的因素

在企业工作,难免因为工作分工、合作,与领导、同事的工作沟通,配合或服务客户等原因而产生各种不良情绪,进而影响员工的心理健康。一般而言,影响员工心理健康的因素包括几个方面,即职业压力感、职业倦怠感、组织归属感和人际亲和感。

1. 职业压力感

相对于其他职业身份而言,生产服务型工作人员的职业压力并不是很大,员工普遍认为只要认真完成好交给自己的生产任务就可以了。但是,人的差异性很大,不同的人承受压力的能力也大不相同,因此,班组长更需要关注对压力非常敏感的这种情况。有的员工其实非常努力,工作业绩也不错,只是能力一般,可能对单位的末位淘汰制有着较大的心理压力。其实用末位淘汰制的方法让员工保持适当的竞争压力符合现代企业管理理念,而且末位淘汰率也不高,以有些人的综合竞争力,还远未达到会被淘汰的地步,但这仍然超出他们的承受力,这就会带来职业压力感。

2. 职业倦怠感

员工出现职业倦怠感,主要有两方面原因:一是长时间从事相同的工作内容让工作失去了挑战性,这点可以考虑在班组层面进行改善,比如在适当的时候对班组成员的工作内容进行互换。二是职业晋升通道无法满足所有员工的心理期望。关于职业晋升通道,班组长需要让大家理解,职业晋升通道本身就是一个强者通道,它不可能无限宽泛并满足所有人的心理期望,职场里的任何晋升都意味着优秀,意味着竞争和筛选的结果。

不过有一点需要重视,当个别员工有了自己向往的转岗机会时,由于他在本班组表现优秀,班组长会由于舍不得而在明里暗里进行阻拦,致使员工不能如愿,这种情况极易导致他本人消极倦怠。在这方面,班组长应该尊重个人意愿,坚持"你想去我就放"的原则,从员工个人事业发展着想。与其把他困在现在的岗位消极倦怠,不如放行,让他带着健康的心态走上新的岗位,而最终获益的将是企业这个大整体。

3. 组织归属感

良好的企业文化可以增强员工的组织归属感。对于新员工,企业文化可以通过有形的活动使他们融入集体,继而产生归属感。企业文化要少一些或激昂或优美的文化口号,多通过实例来营造贯穿着包容、理解和鼓励的团队氛围,其中,班组长细小的关爱以及平等、相互尊重的行为最能让员工感受到来自团队的情感牵引。

4. 人际亲和感

在班组内部,员工人际亲和感很大程度上取决于班组成员之间的和谐度。在这个方面,班组长要注意三个细节:

第一,班组长要时刻有维护班组主流和谐的意识。班组长要明白,班组中不是所有的问题最终都能完美解决,但班组长要有足够的精力确保主流和谐在团队里中流砥柱的作用。

第二,班组长要尽最大努力阻止消极思想在班组内部传播。在班组会议中闲言碎语最易产生消极思想,这是最不好的性格品质之一。所以,需要通过正面宣传降低消极言论对班组和谐的干扰。

第三,关心"老黄牛"。很多班组都有个别性格内向、不善言谈但兢兢业业的"老黄牛"。

维护"老黄牛"的利益,能给他们带来健康的心态,也有助于增强他们对班组的亲和感。

 案例分析

新员工的辅导

部门今年新进的院校生小刘,工作了三个多月的时间,岗位为客户经理,特别惧怕与客户打交道,布置的外呼营销工作,一个上午打不了三个电话。部门经理在查看工作进度时,发现他在微信聊天,吐槽工作压力大。部门经理询问小刘不能完成布置的任务的真实原因,他认为客户都没有需求,同时客户动不动就挂电话会让他很害怕被拒绝。部门经理尝试与他讨论解决方案,说了一番话以后小刘认为部门经理在讲"心灵鸡汤"。最后还是保持原样,绩效不能很好完成。

思考:对于这样的新员工,如何进行心理辅导?

 案例分析

工作倦怠带来的职业困惑

李丽在公司的后勤部门工作,每天除了打印资料、收取邮件、登记各部门领取物品等事情外,基本没有繁重的工作。虽然工作量不大,但每天的工作时间比较长,从早上8点开始上班,到下午6点下班,在公司待的时间将近10个小时。刚上班的时候,李丽任劳任怨,无论做什么事情都很积极,可慢慢地,李丽发现,自己所做的工作都很琐碎,而且很"熬人",不忙的时候会跟同事聊些八卦,除此之外再也无事可做。入职两年来,薪水和职位都没有改变。毫无新意的工作让李丽感到很抓狂。

"每天到办公室里我感觉很压抑,不是同事对我不好,也不是工作压力大,而是现在的工作让我感到厌倦和窒息。"李丽说,每天早上,在电梯间看见同事还可以有说有笑,可是只要一走进办公室,烦躁的感觉就不由自主地出现了,人也不会笑了。看着桌子上的文件资料,和每天一成不变的工作内容,李丽就感到透不过气来。"这就好像是个怪圈,我永远都走不出去。"有一次,李丽刚到公司,主管就让李丽打印一份资料给部门经理送去,回来的时候,主管又让李丽将另一份材料送到其他部门。再一次送材料刚回来,就不断有同事找李丽领办公用品,所有事情都处理完了,也到了午休时间,这让李丽感到很"窝火"。整整一上午虽然没有闲着,可感觉好像没做什么"正事"。这样的工作状态让李丽整个人情绪很低落,以至于当天下午,李丽看见谁都板着脸,对谁都爱答不理。

思考:针对李丽这种情况,你能给出建议吗?

五、心理健康管理的方法

实施员工心理健康管理的企业能使员工感受到企业对他们的关心,使员工更有归属感和工作热情,能吸引更多的优秀员工,由此降低重大人力资源风险,保护企业的核心资源。班组管理中要更加关注基层员工的心理健康,使员工压力处于最佳水平,身心更健康,精力更充沛,由此提高一线班组的劳动生产率。此外,通过员工心理健康管理的实施,对员工的压力水平进行即时性监控,并提出适当的指导建议,促进员工随时调整身心状态,还可以预防员工心理危机事件的发生。具体来看,员工心理健康管理包括以下几种方法:

1. 定期开展测评

多方位把控员工心理健康情况,通过对员工心理健康、人格特点、心理能力、职业兴趣等标准化的量表施测,达到对员工全方位的深层了解,为进一步管理提供科学依据。

2. 建设心理健康档案,实施针对性心理健康干预

心理健康是员工健康管理的重要内容,公司除了定期对员工进行体格检查外,班组层面可以将心理健康管理纳入对员工的健康关怀,普及心理健康知识,建立员工心理档案,对员工的压力水平进行即时性监控,对心理健康风险因素进行预警和合理干预。

3. 加强人文关怀和心理疏导

所谓人文关怀,通常的理解就是关注人的生存与发展,关心人们的个体需求,帮助每一个人提高幸福指数。所谓心理疏导,就是运用语言和非语言的沟通方式,来帮助人们进行心理调适,使其宣泄不良情绪,缓解心理压力,消除思想障碍,解决思想问题,从而促进人的心理和谐,以良好的精神状态面对工作和生活。具体可以采取的措施如下:

(1)形成长效机制,深入发掘员工工作潜力。

心理疏导与经常性思想工作相结合,关心关爱与竞争激励相结合。通过班组创建活动,建立和健全各项管理制度,规范员工的行为,营造有利于员工心理健康的和谐集体氛围,使员工始终保持积极乐观、健康向上的精神状态,全身心投入工作中。综合运用各种激励方式,科学地使用人力资源,切实推行绩效考核机制,积极宣传先进典型,树立榜样,弘扬正气,在企业的创新发展进程中形成争先创优、人才辈出的良好局面。

(2)坚持"三贴近",注重人文关怀。

加强人文关怀就是要把人的幸福、自由、尊严、终极价值联系起来,立体地对待每名员工的多层次需求。即不仅要考虑员工知识、技能的丰富和提高,更应关注员工个体人格的完善、生命价值的提升。在肯定与重视员工的价值和意义的同时,想方设法为员工创造更大的价值提供条件,为他们的全面发展创造良好的政策环境、工作环境和生活环境,形成鼓励干事业、支持干成事业的良好氛围,最大限度地释放个人的潜能,使职工进步有机会、干事有舞台、发展有空间。思想政治工作注重人文关怀,必须坚持贴近实际、贴近生活、贴近群众。贴近实际,就是设身处地地为班组员工着想,关注他们的价值、权益和需求,关注他们的生活质量、发展潜能和幸福指数,有效缓解员工的思想矛盾、心理冲突和情感困惑;贴近生活,就是针对员工在学习、成才、婚恋、健康、生活等方面遇到的问题开展培训、教育、帮扶,让员工能够安心地工作;贴近群众,就是要想员工之所想,急员工之所急,办员工之所盼,真诚倾听员工的呼声,真实反映员工的愿望,真情关心员工的疾苦,努力满足员工各种需求,并根据不同对象的具体情况,讲究教育的层次性,注意工作的渐进性,增强针对性、实效性和亲和力。

(3)加强心理疏导,促进心理和谐。

注重心理疏导,促进心理和谐,应积极倡导爱国、敬业、诚信、友善的责任意识,把企业的核心价值体系建设引向深入。大力营造助人为乐、见义勇为、诚实守信、敬业奉献、孝老爱亲的道德风尚,培育自尊自信、理性平和、积极向上的社会心态,促进家庭和美、邻里和睦、人际和谐,在班组集体中形成和衷共济、和谐相处的良好氛围。加强心理健康教育,引导员工学会心理调节,正确对待自己、他人和社会,正确对待困难、挫折和荣誉。完善心理疏导机制,加强员工心理心态的预测和预警,加强沟通,畅通交流渠道,防止不良心态积累恶变,营造良好的企业工作环境。

(4)创新文化活动载体,营造和谐的人文环境。

加强人文关怀与心理疏导,最直接的体现就是营造出企业民主和谐的人文环境。健康丰富的精神文化生活能够起到帮助人们舒缓心情、调整心态、滋养心灵的作用。面对员工多方面、多层次、多样化的精神文化需求,班组可以组织开展丰富多彩的文艺娱乐活动,给员工提供展示才华、交流情感、锻炼能力的机会和空间,使员工在活动中得到心灵的感染和精神的愉悦,在参与和互动中交流思想、增进友情,使思想政治工作不再是单纯的理论说教,而是变得生动、有活力,增加了说服力,既增加了企业的凝聚力,又培养了员工的团队精神,增强了员工努力工作的热情和信念。

例如,培养员工的阅读习惯,有利于提升员工心理自我调节能力。研究表明,阅读有利于健康心理的形成。阅读是员工提升自身心理健康水平、丰富精神层面的重要途径,班组可以购置有益于身心健康的书籍,定期组织员工开展健康阅读和交流。

(5)建立困难职工帮扶机制。

对班组员工进行详细调研,定期研究帮扶救助对象,通过各种方式为困难员工排忧解难。比如对重病患者进行募捐以及发放救助金,不但可以鼓励员工全身心投入到工作中去,而且提高了企业的凝聚力和向心力,提高员工的企业归属感。

(6)探索科学合理的利益分配机制和个人成长晋升渠道。

在岗位竞聘、学习深造等关系员工核心利益的事宜上建立公平公正的机制,充分发扬民主,通过组织生活会、献计献策活动等途径积极引导员工参与班组建设,增强员工的主人翁意识。

随着国内各大城市相继进入"地铁时代",城市轨道交通行业的员工因工作强度大、安全责任重、工作期间注意力高度集中、工作环境封闭等特点,承受较大压力。同时,不同的工作岗位因工作性质、服务对象的不同,带给员工不同程度的压力。城轨运营公司和各班组单位需要时刻关注员工心理健康问题,秉持以人为本理念,定期开展心理培训(图2-10),打造身心健康、积极向上的员工队伍,营造幸福职场,建设积极承担社会责任的幸福企业。

图 2-10　地铁公司开展心理咨询师培训

 案例分析

踢猫效应

公司的老板针对员工上班迟到下了一个命令：罚款。可偏偏在生效的第一天，老板上班闯红灯被扣分、罚款，自己还迟到了，一肚子无名火不知道向谁发，在生闷气。主管来请示工作，老板就把主管痛快地骂了一顿。主管一头雾水又极其郁闷，秘书来请示问题，主管又把秘书当作了出气筒。秘书莫名其妙地带了一肚子火回到了家里，儿子扑到她怀里撒娇，她把儿子推到一边，斥责一顿。儿子受了委屈，只能向更弱者发火，刚好脚下有一只猫，就使劲给了猫一脚。这就是"踢猫效应"。

点评：你的情绪对别人很重要，请学会管理你的情绪。

任务 5　精神文明建设

 学习要求

1. 了解社会主义精神文明。
2. 了解班组精神文明建设存在的问题和对策。
3. 了解职业道德教育的概念和作用。
4. 掌握职业道德的实践。
5. 了解特色班组创建的概念和意义。
6. 掌握特色班组的类型和创建措施。

有这样两个例子：有一家工厂，产品内外销路都很好，由于企业放松了精神文明建设，再加上对企业管理不善,干部职工在利益分配上差距又过大,致使职工干劲日减,最终因负债累累而破产。另有一家工厂,虽然效益一般,但由于注重企业精神文明建设,干群一心,共商经营大计,大力开展敬业爱岗活动,使企业充满活力,效益日渐好转,职工收入得到较大提高,并获得当地政府授予的文明单位牌匾。

从上述两例可以看出,注重企业精神文明建设,可以振兴一个企业,而放松企业精神文明建设,企业就会走向衰败。可以说,社会主义精神文明建设是搞好企业的一项提纲挈领的工作,是促进企业的生产经营健康发展的根本保证。班组是企业的细胞,是企业职工进行物质文明建设和精神文明建设的最基层单位,班组员工的精神文明建设,不仅关系到企业管理的整体水平,而且对企业的兴衰起着至关重要的作用。

一、社会主义精神文明概述

文明,是一个社会历史范畴,在不同的历史时期,具有不同的含意。现代社会科学中所说的文明,是指人类社会进步和开化的状态。精神文明是人类改造主观世界的精神成果的总和,是人类精神生产的发展水平及其积极成果的表现。社会主义精神文明是指社会主义社会人们精神生产和精神生活发展的成果,它以马克思主义为指导,以培育"四有"(有理想、有道德、有文化、有纪律)新人、不断提高人的思想道德和科学文化素质为根本任务,它是社会主义社会的重要特征。

在社会主义时期,物质文明为精神文明的发展提供物质条件和实践经验,精神文明又为物质文明的发展提供精神动力和智力支持,为物质文明的发展方向提供有力的思想保证。

二、精神文明建设的问题和对策

1. 班组精神文明建设存在的问题

近年来,企业的精神文明建设工作越来越得到重视,但从总体上看,企业班组精神文明建设的有效性还不突出,职工的情绪还没有十分稳定,道德素质提高不快,劳动积极性还没有充分发挥出来,问题的关键在哪里?

(1)在思想认识上存在着短期行为。一是班组精神文明建设、宣传思想政治工作无长远规划,满足于上面布置一次算一次的临时行为。二是对班组精神文明建设、宣传思想政治工作的基本任务认识不清,满足于抓班组管理中暴露出来的一人一事的思想工作,忽视了对职工进行长期的"四有"教育。

(2)班组在生产方面的制度是一项又一项,而用于道德规范等精神文明方面的制度却不够,许多生产制度都强调用物质刺激和罚款去开展活动及解决班组中出现的问题,而很少用社会主义道德、主人翁精神和社会奉献精神去启发职工自觉参与,从根本上解决问题。

(3)部分职工身上缺乏爱岗敬业精神,不论做什么事都只讲钱,钱多多干,钱少少干,无钱不干,有的甚至是给了钱还消极怠工。

(4)在具体工作中存在着讲究"花架子"的偏向,有的班组在开展精神文明建设工作中不是联系本班组的实际去扎扎实实地培养人、教育人、改造人,而是为了装饰门面、应付检查。

2. 班组精神文明建设的对策

社会主义精神文明建设包括思想道德建设和科学教育文化建设两方面的内容,具体实施的对策包括：

(1) 提高对班组精神文明建设工作的认识。班组要在车间/部门的领导下,把加强班组精神文明建设工作作为一项重要事情来抓,做到精神文明建设工作有规划、有措施,要定期分析本班组职工的思想状态,安排好本班组的日常教育和系统教育,努力提高班组职工的道德素质,真正把班组精神文明建设工作落到实处。

(2) 抓精神文明建设也要像抓生产一样,要有一套可操作的配套措施,明确工作责任,建立运行量化指标体系。具体来说就是将班组精神文明建设的各项指标分解到班组职工,只要形成制度,精神文明建设是能成为班组职工自觉行为的。当然,车间/部门对班组长的目标责任考核也是非常重要的,一个班组长是否合格,不仅要看物质文明方面的成绩,还要看抓精神文明建设方面的真本领。

(3) 加强对班组职工的教育,促进班组职工素质的提高。首先是把班组中的党团员和积极分子组织起来,组织他们学习党的路线、方针、政策及政治理论和工作方法等,不断提高他们的思想觉悟和活动能力,让他们在班组职工中生根、开花、结果。其次是深入开展爱国、爱企、爱岗教育,如组织参加文明志愿活动(图 2-11),帮助班组职工树立正确的世界观、人生观、价值观,挖掘他们内在的积极因素,激发他们对理想、信念、事业的追求,形成健康向上的力量。

图 2-11 地铁员工开展文明志愿活动

(4) 不搞形式主义,积极发动班组职工参与班组精神文明建设,围绕班组职工关注的"热点、难点、焦点"有的放矢地开展工作,积极引导他们自觉投身于精神文明建设活动,使精神文明建设深深扎根于班组职工中,并在调动、保护、引导班组职工积极性方面充分发挥激励作用。

此外,班组也要合理投入一些资金。当然,在班组财力有限的情况下,对精神文明建设要量力而行、尽力而为,结合班组实际,利用有限的资金有机地开展活动,教育引导职工转变观念,理顺情绪,化解班组内部存在的各种矛盾,把职工的认识统一起来,把职工的精神振奋起来,只要把职工的积极性调动起来,各项工作就能达到事半功倍的效果。

三、职业道德教育

> **拓展阅读**
>
> ### 德在艺先
>
> 英国著名的维多利亚女王,与其丈夫相亲相爱,感情和谐。但是维多利亚女王乃是一国之王,成天忙于公务,出入于社交场合,而她的丈夫阿尔伯特却和她相反,对政治不太关心,对社交活动也没有多大的兴趣,因此两人有时也闹些别扭。
>
> 有一天,维多利亚女王去参加社交活动,而阿尔伯特却没有去,已是深夜了,女王才回到寝宫,只见房门紧闭着。女王走上前去敲门。
>
> 房内,阿尔伯特问:"谁?"女王回答:"我是女王。"
>
> 门没有开,女王再次敲门。
>
> 房内阿尔伯特问:"谁呀?"女王回答:"维多利亚。"
>
> 门还是没开。女王徘徊了半晌,又上前敲门。
>
> 房内的阿尔伯特仍然问:"谁呀?"女王温柔地回答:"你的妻子。"
>
> 这时,门开了,丈夫阿尔伯特伸出热情的双手把女王拉了进去。

高尚的道德是全世界普遍认同的高贵价值观,而无论你处于什么身份、地位,在资本主义国家如此,在社会主义中国更是如此(图 2-12)。

职业道德是社会道德的重要组成部分,也是社会主义精神文明建设的重要内容。加强职业道德建设,同倡导良好的社会公德一样,是我们建设社会主义道德文明的必经之路。一个行业、一个企业的职业道德水平如何,不仅关系到人民群众的切身利益,而且影响到行业、企业的形象和经济效益。城市轨道交通是社会的一个子系统、一个特殊的窗口行业,某种意义上直接体现城市的整体形象,在轨道交通快速发展的形势下,大力加强从业人员特别是一线运营班组人员的职业道德教育,对于行业改革、发展、稳定大局,对于提高职工队伍的整体素质,都有着极其重要的意义。

图 2-12 国无德不兴

1. 职业道德的概念

职业道德是与人的职业角色和职业行为相联系的一种角色道德。职业是伴随劳动分工的深化产生和发展起来的,它的本质是社会职能专业化和人的角色社会化的统一,具有专人做专事和谋取生活来源的特征。道德是调节人与人之间社会关系的价值体系,它的作用就在于通过确定和执行一定的行为规范,保持人的行为与社会秩序的合理、稳定,并引导人和社会的健康发展。职业道德是指从事一定职业的人,在职业活动的整个过程中必须遵循的与所从事的职业活动相适应的道德原则和行为规范,具有社会和时代的烙印。

社会主义职业道德是职业道德和职业活动的统一,是社会主义道德的基本原则、规范的统一,是职业人员的个人利益、企业集团的利益和社会整体利益的统一,是属于社会主义的意识形态。社会主义职业道德是建立在社会主义公有制基础上的一种新型职业道德。社会主义职业道德共同规范主要有三个方面:一是尽心竭力为社会公众服务;二是掌握技术,通晓业务;三是忠于职守,献身职业。

2. 加强职业道德建设的意义

职业道德建设是指对从事一定正当职业的人们所进行的从思想到行为应当遵循的道德规范的综合性建设。它包含职业理想、职业规范、职业纪律、职业技能和职业道德教育等方面的治理工作。职业道德建设具有"空间上的广泛性"和"时间上的长久性"的特点,加强职业道德建设的重要意义表现在以下四个方面:

(1)可以增强从业人员的职业道德观念,使他们更加热爱本职工作,遵守劳动纪律,维护劳动秩序,努力钻研业务技术,增强工作能力,提高劳动生产率,在各自岗位上充分发挥积极性、主动性、创造性,促进社会主义经济的发展。

(2)可以培养从业人员的责任感、业务感、良心感、荣誉感和是非观念,指导从业人员用职业道德规范约束自己的言行,进行自我修养和自我完善,从而促进有理想、有道德、有文化、有纪律的一代新人的成长。

(3)有利于帮助从业人员正确处理行业之间、行业内部、行业与社会之间的关系,发展平等、团结、友爱、互助的社会主义新型关系,从而推动社会风气的好转。

(4)职业道德建设的不断加强深化,可以带动社会公德和其他道德的发展,全面提高全民族的道德水平。

城市轨道交通行业一直注重基层员工的职业道德教育,把职业道德建设作为班组精神文明活动的一项基础建设来抓,通过制定"文明公约""职工守则""职业规范"等措施,使职业道德建设与本行业的改革相结合,与经济利益相结合,逐步加深了从业人员对本职工作岗位的社会意义的理解,增强了主人翁责任感,把客观的道德要求变成了个人的道德意识、道德情感和道德信念,从而改善了劳动态度和文明形象,提高了工作质量。

以运营岗位为例,职业道德教育的作用包括:

(1)规范作用:城市轨道交通职业道德对站务员正确选择道德行为有着重要的约束力,它能够规范驾驶员、服务人员、调度员、管理人员的言行,使他们在服务工作中有章可循、受到约束,更好地提供服务。

(2)权衡作用:在职业活动中,以职业道德为权衡的标准,能够对那些不顾乘客的利益和企业的荣誉、不讲职业道德的极少数站务员进行教育和帮助以至处分。这是维护企业信誉必不可少的。

(3)维护作用:城市轨道交通职业道德的确立,能够使站务员明白本人的职业义务和职业责任,以良好的道德行为调节与乘客之间的关系,共同维护好乘车秩序。职业道德还在城市轨道交通服务过程中起着维护乘客的利益、维护企业信誉的重要作用。

(4)鼓励作用:城市轨道交通工作人员以高尚的职业道德、熟练的职业技能为广大乘客服务,可以使乘客感到温暖,从而支持理解服务人员,鼓励服务人员加倍努力工作。特别是当服务人员为了维护企业的荣誉、严守职业道德标准而忍受委屈时,这种鼓励作用愈加明显。

3. 职业道德的实践

每种职业都意味着承担一定的社会责任,即职责;每种职业都意味着享有一定的社会权力,即职权;每种职业都体现和处理着一定的利益关系。职业道德就是以"责、权、利"的统一为基础,来协调个人、集体和社会的关系,通过人的职业行为和效果得到落实和体现。积极实践职业道德,是提高班组员工整体素质,建设班组职业道德规范的一项十分重要的工作,具体包括以下几个主要方面:

(1)忠于岗位,恪尽职守。这是劳动生产者最重要的职业道德。班组员工应立足于自身的工作岗位,尽职敬业,无私奉献,做好本职工作,忠于自身岗位职责。

(2)遵守纪律,勤奋工作。班组员工在自己的岗位上必须遵守劳动纪律,勤奋工作。任何企业的效率和效益都是在员工的努力工作中产生的,而员工的工作又需要规章制度加以强化和保证。一个纪律严明、奖惩分明、管理制度健全的企业,能使工作程序化、管理科学化、职工行为规范化。

(3)质量第一,用户至上。企业员工的最终劳动成果是向社会和消费者提供物质产品,从而服务于社会,服务于消费者。衡量劳动生产者对社会贡献的大小主要看其为社会和消费者提供的产品的质量如何。企业生产者必须本着"质量第一,用户至上"的职业道德的原则,精心生产出质量合格、品位精良、为社会和消费者所称道的产品。

(4)努力学习,钻研业务。员工要努力学习、钻研业务。努力学习就是要勤于学习科学文化知识,不断提高自己的专业素质,努力接受新知识、新信息,跟上时代的发展步伐;钻研业务就是对自己从事的工作刻苦钻研,不断提高自己的专业技能,成为精通业务的行家里手。

轨道交通文明是一种物质文明,准时的行程和安全快捷,让出行的人们更舒心和安全,也能使地面交通变得通畅、轻快。其庞大的体系,带来商业、地产等诸多方面的商机。可以说,轨道交通是划时代的物质文明,是一座城市文明的体现,是城市精神文明的窗口。加强基层班组队伍的精神文明建设,特别是职业道德教育,不仅能够提高服务质量,提升服务体验,还可以培养员工主动承担社会责任的意识,在社会主义精神文明建设上不断做出有益的尝试,能够有效引导和带领广大市民乘客认知和践行社会主义核心价值观,为社会的发展提供源源不断的驱动力和正能量。

> **拓展阅读**
>
> **高尚职业情操司马迁**
>
> 汉武帝刘彻在位时,司马迁在朝中任太史令,具体负责编写《史记》。当时,许多达官贵人都想讨好司马迁,期望通过他的笔给自己在历史上留下好名声,于是纷纷给他送来了奇珍异宝。
>
> 有一天,朝中最得宠的大将军李广利派人给他送来一件礼物,司马迁的女儿妹娟打开送来的精致盒子,发现盒子里放着的是一对世间罕见的珍宝——玉璧。司马迁发现妹娟对宝物有不舍之意,于是语重心长地说:"白璧最可贵的地方是没有斑痕和污点,所以人们才说,白玉无瑕。我是一个平庸而卑微的小官,从来不敢以白璧自居,如果我收下了这珍贵的白璧,我身上的污点就增加了一分,白璧不能要,叫人送回去。"

> 司马迁所著的《史记》，被称为"史家之绝唱"，在我国历史上占有重要的地位。《史记》的价值就在于真实地记录了历史，司马迁何以能据实写史？原因之一就是他自身清白，珍惜自己的名誉，行得端，坐得正。倘若司马迁见了别人的东西就喜爱，不珍惜自己的名誉，必定使他难以秉笔直书，《史记》也绝不会有今天这样的价值。

四、特色班组创建

企业员工的精神文明建设是一项长期的战略性任务，是保证企业稳定持续发展的动力源泉。班组精神体现的是班组成员的精神风貌、价值取向和共同追求，既体现了员工的主人翁精神，又充分彰显了企业丰厚的文化底蕴和内涵，同时也是员工思想道德和科学文化素质的具体表现形式。培育特色鲜明的班组精神，创建特色班组，是推进精神文明建设的必然要求。

1. 特色班组的概念

特色班组是班组实现自我管理、自我控制、自我完善、自我发展的一种趋势和价值体现。班组在做好基础管理的前提下，着重在特色工作上下功夫、做文章，开展相关特色活动，将特色活动与日常工作有机地结合起来，采取有效措施，使特色凸显，能够树立班组建设品牌形象，提高班组精神文明建设成效。

2. 特色班组的类型及创建措施

特色班组按照开展的活动类型可以分为学习型、安全型、清洁型、节约型和和谐型班组等五种类型，开展"五型"班组创建活动，是加强基层建设、提高班组战斗力和凝聚力的重要措施，可使基层班组建设成为勤学苦练、岗位成才、勇于创新的一流班组。

1）学习型班组

学习是进步的基础，选择学习就是选择进步。创建学习型班组是使职工和班组共同进步、成长、发展，不断创造成功的持续之路。通过创造性学习、终身学习、全员全过程学习、向失败学习、团体学习等手段，使工作学习化、学习工作化；建立支持学习、激励创造的工作机制、模式、流程和方法，将学习要素系统化并有机地融入对日常工作的组织中，使学习和工作成为不可分割的一个整体。真正的学习型班组，是会系统思考、自我超越、主动改善心智模式、建立共同愿望的团队。实际来看，创建学习型班组要从以下几个方面着手：

(1) 班组重视学习，倡导终身学习理念，积极开展"创建学习型组织，争做知识型职工"活动，经常性组织学习理论和业务技术知识，营造浓厚的学习氛围。

(2) 充分肯定和尊重职工的学习热情、学习成果和劳动创造，形成工作学习化、学习工作化，以学习推动工作、以工作促进学习的局面。

(3) 注重组织职工分析任务特点，严格按相关技术方案进行操作，及时发现问题并提出改进措施，经常性提合理化建议，突出班组创新创效的实践能力。

(4) 结合生产经营实际，组织班组岗位培训，积极开展"以师带徒"活动。

(5) 认真组织班组员工参加所在单位或公司举办的各种业务技术学习和培训，按时参加技能鉴定，积极参加各种技术比武、比赛。

2）安全型班组

(1) 高度重视安全工作，坚持"安全第一，预防为主"的方针，结合实际，创造性地开展班组安全治理工作。

(2)增强全员安全意识,使员工熟知并深刻领会公司安全理念,切实树立"我要安全、我会安全、我能安全"的意识。

(3)认真组织班组成员参加单位举办的各类知识学习及各种安全知识培训、技术交底、应急预案的演练等,把握安全生产应知应会知识,不断增强自我保护能力。

(4)班组长切实履行班组安全生产第一责任人职责,坚持班前安全讲话并规范记录,坚持进行安全监督检查,班组成员互相爱护、互相提醒、互相监督,尤其要做好对新职工的安全监护。

(5)能够自觉规范穿戴各种劳保用品,严格遵守各种安全制度和操作规程,果断抵制和反对"三违"现象,没有安全责任事故。

3)清洁型班组

(1)班组环境保护意识强。班组施工生产过程中,始终注重保护周边环境,对"三废"能按规定妥善处理,对发现的超标排放行为能及时向单位领导反映。

(2)工作场所整洁有序。班组及其成员的工作场所、休息室等,能按公司现场标准化治理规定布置,物品摆放有序,整洁无废物。

(3)生活驻地环境好。注重保护生活驻地环境和卫生,不乱扔乱倒垃圾,班组宿舍内地面干净,无异味,个人物品摆放整洁。

(4)班组成员讲究个人卫生,注重仪表仪容,在有着装要求的场合,能按规定统一着装,整洁划一,体现出公司的良好形象。

4)节约型班组

(1)班组认真贯彻执行国家和上级的有关节能法规、政策,且能够结合实际,制定有关节能降耗的具体办法和措施并加以落实。

(2)科学生产,提高效益。班组及其成员在生产过程中,注重科学组织,合理安排,有效利用资源,提高效益。

(3)加强成本分析与控制。班组经常组织进行针对性的成本分析,并采取相应措施。班组成员有强烈的成本意识,时刻注重精打细算。

(4)班组成员有良好的节俭习惯。坚持对班组成员进行勤俭节约的道德教育,使其养成和保持良好的节俭习惯,爱护公物,班组范围内无长流水、长明灯等不良现象。

5)和谐型班组

创建和谐型班组,指导思想应该是牢固树立"和谐发展"的理念,以实现班组和谐发展为目标,坚持以人为本,努力形成员工关系和谐、工作协调、互助互爱的良好氛围;加强民主管理,落实班务公开,增强员工民主参与意识;加强职业道德建设,规范员工行为,确保班组员工遵纪守法。努力把班组建设成为员工爱岗敬业、奋发向上、团结互助的"和谐温馨之家"。创建和谐型班组要求班组成员做到以下几个方面:

(1)团结协作干事创业。班组成员能够始终同心同德,围绕班组目标,团结一致、协作奋进,按时高质量地完成承担的各项任务。

(2)正确处理同所在单位、部门及其他班组等各方面的关系,相处融洽。

(3)班组成员之间互相关心、互相爱护、互相谅解、互相帮助,无打架斗殴现象,凝聚力强。

(4)遵章守纪,集体荣誉感强。班组及其成员关心爱护集体,服从领导,服从安排,组织纪律观念强,无违法乱纪现象;积极参加所在单位或上级组织的集体活动,努力争创和维护班组荣誉,班组内布满乐观、健康、向上的良好氛围。

具体的创建措施包括:

(1)制定班组纪律。

班组长与全体组员根据公司各项制度共同商讨出相应的纪律和惩处措施,以此规范班组内员工的思想和行动。

(2)树立班组楷模。

在班组内共同推举出素质好、能力强、文化高、业务精、能团结助人的员工作为"楷模",在绩效上由班长给予其优待,用他的言行举止感召人、鼓舞人,使其在班组治理和生产作业中起表率作用。

(3)组建班组交流圈。

班组长可以利用现代信息化手段设立本班组的主题板块,发布不同的专题内容,并通过一系列的活动方式,让本班组成员在轻松愉快的学习氛围中凝聚智慧和力量。

(4)关心记录员工的生活。

班组长要善于关心员工的生活并予以记录,如员工家庭中发生的婚丧嫁娶、生老病死等,只要把这些生活中的问题解决好,就会为大家营造很强的归属感、亲切感、责任感,班组才会有强大的凝聚力和战斗力。

(5)定期召开班务会。

班组成员以一定周期进行班务讨论,讨论班组建设相关事宜。提倡并鼓励大家献计献策、提合理化建议,并对产生经济效益以及改善作业环境的"金点子"进行必要的奖励。

总之,加强"五型"班组建设,能够提升班组整体精神文明水平。在实际工作中,唯有做到思想上重视、态度上端正、行动上积极、方法上有效、措施上得力、机制上创新、奖罚上分明,才能真正使班组建设工作快速、有序地发展,打造出特色班组、精英团队。

拓展阅读

苏州地铁:着力推进"五型"+"五星"建设,班组建设卓有成效

班组是将相互协同的同工种、相近工种或不同工种员工组织在一起,从事生产活动的最基层劳动和管理组织,是苏州轨道交通运营组织架构中的"最小行政单元",与运营管理和服务水平息息相关,直接影响着市民乘客的感知和满意。苏州轨道交通启动班组建设以来,班组建设取得了丰硕的成果,实现了"组织纪律严明、业务技能娴熟、富有朝气活力"的建设目标。截至2016年,苏州轨道交通有"五型"班组一星级35个、二星级班组42个、三星级班组27个、四星级班组11个、五星级班组3个。

班组建设以"五型"班组星级建设为导向,通过标准引领、评建结合、分层推进的方式,进行主题性推进。结合专业特色,从班组架构、班组制度和班组文化三方面入手,建设各具特色的班组文化。一方面设立"三长三员一岗",细化班组成员分工,创建班组LOGO、口号、理念,对班组建设进行定位和规划。另一方面编制了员工手册,制定了《班组建设指南》和《班组长选拔管理规定》,从班组基础建设等多个方面指导班组建设。大力宣传"五型"班组先进事例,促进班组信息互通、经验互联、成果互享。此外,着力培育班组的安全、质量文化,举办形式多样的团队建设活动,形成团结、和谐的工作氛围。

苏州轨道交通作为窗口单位,十分重视班组建设工作,努力在全线推行服务标准化,构建标准化车站。1号线、2号线开通至今,实现了各项责任事故为"0"的目标,各项事件、苗头等均在可控范围内。有关单位和个人先后荣获了"江苏省青年志愿服务事业贡献奖""江苏省五一劳动奖章""苏州市五四红旗团总支""苏州市五一巾帼标兵岗""苏州市文明单位"(图2-13)。

图 2-13　苏州轨道交通

思考与练习

1. 班组长的角色和定位是什么?
2. 如何做一名合格的班组长?
3. 如何进行班组长的选拔?
4. 班组长的培养方法有哪些?
5. 班组定岗定员管理的原则和方法是什么?
6. 简述人际关系的定义和特点。
7. 什么是有效沟通?
8. 如何处理班组人际冲突?
9. 影响员工心理健康的因素有哪些?
10. 如何进行员工心理健康管理?
11. 什么是社会主义精神文明?
12. 为什么要进行职业道德教育?
13. 论述特色班组创建的方法。

项目 3　班组生产管理

项目概述

项目思政

　　班组生产管理的任务是指根据车间下达的生产作业计划,运用人力、物力、财力、技术、知识、信息等一切可利用的资源,保证按照一定的品种、质量、数量、成本、时间等要求完成生产任务,它是班组长以班组的生产活动为对象的管理。它是企业生产管理的组成部分,是班组长的重要职责之一,也是企业实现生产经营目标的基础之一。具体来说,班组生产管理有三大作用:

　　首先,班组生产管理可以促进企业生产经营目标的实现。在企业中,班组的定位是基层生产单位,因此它的生产活动并非独立,而是来源于企业和车间。班组承担着车间下达的生产任务,而车间的生产任务由企业的生产经营目标来确定。企业的生产经营目标的核心是取得最大限度的利润,而利润目标的实现要求企业能够按照合同中规定的品种、规格、数量、质量、价格、时间等提供商品。企业履行合同的任务需要层层分解下达到各个车间、班组,由班组实施具体的生产任务。因此,企业生产经营目标的实现离不开班组的生产活动,同时班组为了能够按照一定的品种、规格、数量、质量、价格、时间等完成生产任务,就需要进行班组生产管理。进行生产管理是班组长的重要职责之一,班组长的生产管理是企业实现生产经营目标的重要基础之一。

　　其次,班组生产管理可以提高企业的经济效益。经济效益是产出与投入之比,提高企业经济效益的途径无非两个方面:一是提高劳动生产率,即"增收";二是降低成本,即"节支"。降低成本的主要手段是降低消耗,如合理裁料、减少材料的跑冒滴漏、降低废品率等;提高劳动生产率,就是在单位时间内生产出更多的商品,通过提高劳动生产率,可以使单位商品中所包含的新增劳动时间减少,从而达到降低成本的效果。企业的生产活动集中在班组,班组生产管理可以降低生产中的消耗,促进班组劳动生产率的提高,从而提高企业的经济效益。

最后，班组生产管理可以增强企业的市场竞争力。企业的市场竞争力是企业综合实力的体现。企业的综合实力表现为企业能够为市场提供符合市场需要的一定品种、规格、质量、数量、价格的商品或服务，而且所提供的商品和服务具有"人无我有，人有我精"的特性，即具有市场的比较优势，如商品质量比其他企业好、商品供应量比其他企业多、商品供应周期比其他企业短、商品的功能比其他企业的商品多、商品售后服务比其他企业好等。而这些比较优势的取得，大多数与班组有关，如商品的质量与班组职工技术水平、工艺安排、设备状况等有关，商品的供应数量和供应周期与班组生产计划的实施、人员的调配等有关，商品的价格与商品的成本有关，从而与班组劳动生产率的高低、降低消耗的努力等有关。因此，班组生产管理的好坏直接影响到企业的市场竞争力。

城市轨道交通班组是城市轨道交通企业最基本的作业单位和生产管理组织，城市轨道交通一线的生产活动都在班组中进行，直接向公众提供客运服务。从实际出发，加强一线班组生产管理，确保按质、按量、按时完成所承担的繁重的运营生产任务，能够促进企业降本增效目标的实现，从而创造最大的经济和社会效益。

本项目介绍常见的班组生产管理的几大内容：班组现场管理、班组设备管理和班组材料管理。班组现场管理部分主要介绍现场管理的概念、标准、方法以及班组长现场人员管理的经典法则及其应用指导；班组设备管理部分介绍设备管理概述、设备管理的特点和意义以及班组设备的维护与管理；班组材料管理部分介绍了材料管理的意义和内容以及班组工具备品的管理制度。

教学目标

1.学习目标：
- 了解班组现场管理的概念、标准和方法。
- 了解班组设备管理的内容、特点和意义。
- 了解班组材料管理的内容、特点和意义。

2.素质目标：

培养创新精神，提升综合素质，熟练掌握班组管理的各类知识、技能，严格执行班组管理工作程序、工作标准，提升班组管理工作水平和效率。

任务 1　班组现场管理

学习要求

1.了解班组现场管理的概念。
2.了解班组现场管理的标准。
3.掌握班组现场管理的方法。
4.了解班组长现场人员管理经典法则。

一、班组现场管理的概念

现场管理是一个企业的企业形象、管理水平、产品质量控制和精神面貌的综合反映,是衡量企业综合素质及管理水平高低的重要标志。

现场管理就是指用科学的管理制度、标准和方法,对生产现场各生产要素,包括人(工人和管理人员)、机(设备、工具、工位器具)、料(原材料)、法(加工、检测方法)、环(环境)、信(信息)等进行合理有效的计划、组织、协调、控制和检测,使其处于良好的结合状态,达到优质、高效、低耗、均衡、安全、文明生产的目的。

现场管理有六个要素,即人、机、料、法、环、测,也称为"5M1E"分析法(图3-1)。

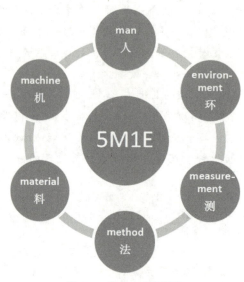

图3-1 "5M1E"分析法

(1)人(man):操作者对质量的认识、技术、身体状况等。
(2)机器(machine):设备、测量仪器的精度和维护保养状况等。
(3)材料(material):材料能否达到要求的性能等。
(4)方法(method):生产工艺、设备选择、操作规程等。
(5)测量(measurement):测量时采取的方法是否标准、正确。
(6)环境(environment):工作现场的技术要求和清洁条件等。

由于这六个要素的英文名称的第一个字母是五个m和一个e,故简称为"5M1E"。

二、班组现场管理的标准

(1)定员合理,技能匹配;
(2)材料工具,放置有序;
(3)场地规划,标注清晰;
(4)工作流程,有条不紊;
(5)规章制度,落实严格;
(6)现场环境,卫生清洁;

(7)设备完好,运转正常;
(8)安全有序,物流顺畅;
(9)定量保质,调控均衡;
(10)登记统计,应记无漏。

现场标准见图 3-2。地铁车站控制室工作环境见图 3-3。

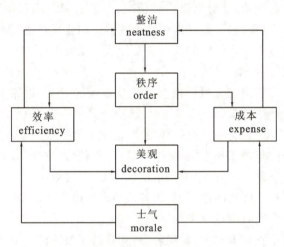

图 3-2　现场标准

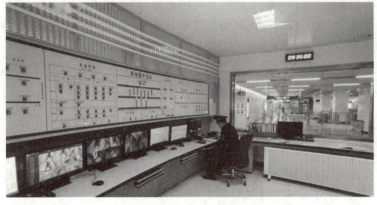

图 3-3　地铁车站控制室工作环境

三、班组现场管理的方法

纵观国内各生产行业在现场管理实践中行之有效的班组管理方法,总体来说,国务院安委办推荐的"白国周班组管理法",无疑是一种科学性、实用性和可操作性都很强的班组管理方法,该班组管理法的主要内容可以概括为"六个三",即"三勤、三细、三到位、三不少、三必谈、三提高"。

(1)"三勤":勤动脑、勤汇报、勤沟通。

勤动脑:对现场情况,勤于分析思考,总结其中的规律,寻找解决问题的办法,以便在出现安全问题时,能够迅速处理,避免事态的进一步发展。

勤汇报:对生产过程中发现的隐患和问题,及时向领导汇报,以便领导及时了解情况,迅速采取应对处置办法。

勤沟通：经常与车间领导沟通，了解车间对生产任务的措施要求；与上一班或下一班的班组长沟通，了解生产进度和生产过程中出现的问题；与职工沟通，了解职工的工作和生活情况，便于及时化解可能对安全生产构成的风险因素。

(2)"三细"：心细、安排工作细、抓生产质量细。

心细：从召开班前会开始，针对当班出勤情况，分析各岗位人员配置，做到心中有数，尤其是一些特殊关键岗位，班前会上要仔细观察这些关键岗位人员的精神状态。

安排工作细：认真考虑什么性格的人适合干什么性质的工作，量才适用，发挥长处，提高效率，减少个人因素可能带来的风险。

抓生产质量细：督促各岗位人员严格按生产技术标准、作业指导书、安全操作规程要求进行生产作业，严把生产质量关。

(3)"三到位"：布置工作到位、检查工作到位、隐患处理到位。

布置工作到位：班前布置工作必须详细、清楚，工作任务、安全措施等必须向职工交代明白，哪个地方有上一班遗留的问题，必须提请职工注意，及时解决。

检查工作到位：对自己所管的范围，不厌其烦地巡回检查，每个环节、每个设施设备都及时检查，不放过任何一个风险源点。

隐患处理到位：无论到哪个地方，发现隐患和问题，能处理的及时处理掉，当时处理不了的，就在显眼的地方做好标识和记录，并指令有关人员处理。

(4)"三不少"：班前检查不能少、班中排查不能少、班后复查不能少。

班前检查不能少：接班前对工作环境及各个环节、设备依次认真检查，排查现场隐患，确认上一班遗留问题，指定专人整改。

班中排查不能少：坚持每班对各个工作点进行巡回排查，重点排查在岗职工精神状况、班前隐患整改情况和生产过程中的动态风险。

班后复查不能少：当班结束后，对安排的工作进行详细复查，重点复查工作质量和隐患整改情况，发现问题及时处理，处理不了的现场交接清楚，并及时汇报。

(5)"三必谈"：发现情绪不正常的人必谈、对受到批评的人必谈、每月召开一次谈心会。

发现情绪不正常的人必谈：注重职工在工作中的思想情绪，发现有情绪不正常、心情急躁、精力不集中或者神情恍惚等问题的职工，及时谈心交流，弄清原因，因势利导，消除急躁和消极情绪，使其保持良好的心态投入工作，提高安全生产注意力。

对受到批评的人必谈：对受到批评或处罚的人，单独与其谈心，讲明原因，消除抵触情绪。

每月召开一次谈心会：每月至少召开一次谈心会，组织职工聚在一起，谈安全工作经验，反思存在的问题和不足，互学互帮、共同提高（图3-4）。

(6)"三提高"：提高安全意识、提高岗位技能、提高团队凝聚力和战斗力。

提高安全意识：引导职工牢固树立"安全第一"理念，通过各种方式教导职工时刻绷紧安全这根弦，时刻把安全放在心上，坚决做到不安全绝不生产。

提高岗位技能：经常和职工一起学习，研究各工种（岗位）的作业标准和操作技术，提高安全操作技能。经常组织职工针对生产和现场管理中出现的问题一起讨论，共同寻找解决问题的办法，着力提高班组每一名职工的综合素质。

图 3-4　班组月度谈心会

提高团队凝聚力和战斗力：想方设法调动每一个职工的积极性，不让一名职工掉队，争取使大家都学会本事。针对职工中存在的一些不文明现象，要求大家做文明人、行文明事。职工偶犯错误，不乱发脾气，而是因人施教，耐心指出问题根源，大伙儿一起帮助改正。

"六个三"的意义就在于，坚持"三勤"跑现场，"三细"保质量，"三到位"抓落实，"三不少"查隐患，"三必谈"聚亲情，"三提高"塑团队，持之以恒提技能、强能力。

四、班组长现场人员管理经典法则

综合各大企业常用的管理法则，梳理、提炼出三大管理法则供城市轨道交通班组长领悟经典法则的意义和作用，以提高管理技能。

1. 威尔逊法则

1）法则内容

威尔逊法则：身教重于言教。

提出者：美国行政管理学家切克·威尔逊。

启示：班组长的指导是职工克服困难的后盾。每个班组都有自己管理绩效和指导职工的方法。指导有助于职工个人的成长，并对班组的成功产生作用。如果对职工的指导很出色，绩效管理就转变成为一个协作的过程，这个过程可以让每一个人受益。

拓展阅读

麦当劳快餐店创始人雷·克罗克是美国社会最有影响力的十大企业家之一。他不喜欢整天坐在办公室里，而是将大部分工作时间都用在"走动管理"上，即到分公司各个部门走走、看看、听听、问问，随时准备帮助下属解决工作中遇到的问题。麦当劳公司曾有一段时间面临严重亏损的危机，克罗克发现其中一个重要原因是公司各职能部门的经理有严重的官僚主义倾向，习惯躺在舒适的椅背上指手画脚，把许多宝贵时间耗费在抽烟和闲聊上。于是克罗克想出一个"奇招"——将所有经理的椅子靠背锯掉，并立即照办。开始很多人骂克罗克是个疯子，不久大家开始悟出了他的一番苦心。管理者们纷纷走出办公室，深入基层，开展"走动管理"，及时了解情况，帮助员工们现场解决问题，终于使公司扭亏为盈。

> 无独有偶，最先创造"走动式管理"模式的惠普公司，为推动部门负责人深入基层，又创造了一种独特的"周游式管理办法"。为达此目的，惠普公司的办公室布局采用美国少见的"敞开式大房间"，即全体人员都在一间敞厅中办公，各部门之间只用矮屏分隔，除少量会议室、会客室外，无论哪级领导都不设单独的办公室。这样，哪里有问题需要解决，部门负责人就能以最快的速度赶到现场，带领自己的员工以最快的速度解决问题。正是这些保证了惠普公司对问题的快速反应能力和解决能力，并成就了它的辉煌。

2）应用指导

现场指导要想取得好的效果，还要注意技巧。无论怎样，指导都是一个互动的过程。当你在指导职工时，你需要积极倾听、提出问题、交流观点以及讨论切实可行的解决方案。你提出自己的反馈意见，同时接收职工的反馈意见。指导职工时要关注哪些方面有待提高以及哪些方面做得比较好。总的目标是帮助大家提高效率。指导一个人，帮助他克服个人缺点，使他的个人能力最大化，并发挥出最大的潜力，只有这样，指导才能起到积极的效果。

在班组生产组织管理活动中，班组长只有以身作则，才能激发班组职工的工作热情和安全责任心。班组长要起到引领示范作用，必须坚持"三个做到"，遵循"四步指导法"。

（1）"三个做到"。

①做到以身作则，率先垂范。处处身先士卒、以身作则，始终牢记自己是职工学习的榜样，有义务、有责任比下属做得更好，让自己所说所做成为自己所管班组的一个标准。对工作的热情、对业务技能的精益求精、对安全的责任意识，所有的这些表现都会自然而然地影响到职工，从而在班组内形成一种积极向上的良好氛围。让职工一看到你这个"当家人"的行动就知道你对他们的要求，你的行为比你再三叮嘱、反复强调更有效，这是一种无声的命令，也是最好的管理方式。

②做到严于律己，宽以待人。俗话说"一言既出，驷马难追"，班组长对人对己不能有双重标准，对自己要比对他人更严格些，这样才可以对他人形成有效激励，让更多的人信服自己并聚集在自己身边。

③做到积极乐观，坚忍不拔。一个悲观消极、缺乏热情的班组长不会赢得职工的信任，更不会成为他们学习的榜样。优秀的班组长应该给人一个健康、阳光的形象，积极乐观、坚忍不拔、敢为人先、勇于担责，这样才能够得到职工的尊敬和爱戴。

拓展阅读

劳模姚婕——敬业精业，以身作则，做乘客知心人

姚婕是武汉地铁某车站站长，在车站工作的每个岗位上，她都始终坚持"乘客至上、品质一流"的服务理念，以身作则，待乘客如亲人，以匠心做服务，在平凡的岗位上书写了不平凡的工作业绩。

工作15年来,个人利益总被她放在工作以外的第二位。2020年年初,武汉出现严峻的疫情,作为离华南海鲜市场最近、客流最大的车站的中心站长,姚婕立即向部门申请调整员工工作岗位、增加防护措施,减少传染概率。姚婕找遍多家药店买到20个N95口罩连夜送到车站,当时姚婕的心中只有一个想法:自己的员工一个都不能有事,这也是在最大可能保障乘客安全。武汉关闭离汉通道,地铁停运后,姚婕主动报名到车站值守,保洁员不在,就自己动手,用稀释的84消毒水将办公区域消毒,为同事们创造洁净的工作环境。

在她的感召下,公司安排24小时值班时汉口火车站40位员工没有一人退缩,而是抢着上、争着干,拧成一股绳。春节期间,姚婕生病卧床,不得不放弃了做志愿者的想法,她想无数的医生在守护我们,自己也要做些力所能及的事,于是她默默捐赠3000元钱。当她又找到为疫情定点医院运输蔬菜的同学准备再次捐赠时,同学拒绝了她,说医院缺的是各类医护用品而不是钱,她才停止了捐赠。

在武汉这场抗疫之战中,姚婕毫不退缩,以身作则,把武汉地铁人的责任勇挑在肩上,把共产党员的初心书写在行动之中。姚婕凭借对轨道交通运营服务的专注和对客运服务工作的坚守,赢得了"地铁好站长、乘客知心人"的赞誉,更赢得了乘客和同事的广泛认可,她用自己的平凡善举影响着身边的每一个人,把爱与责任融到每一天的工作当中,为每一位乘客,提供着力所能及的服务,在时代的列车里,她像每一个平凡的你我一样在追梦路上不负韶华,奋发向前!(图3-5)

图3-5 武汉地铁"劳模班组"

(2)"四步指导法"。

现场指导工作时,班组长可按以下四步进行指导:第一步,你说他听;第二步,你做他看;第三步,他说你听;第四步,他做你看(图3-6)。

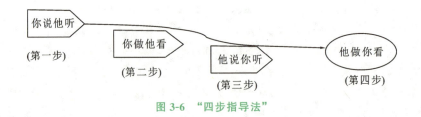

图 3-6 "四步指导法"

2. 特雷默定律

1)定律内容

特雷默定律:每个人的才华虽然高低不同,但一定是各有长短,因此在选拔人才时要看重的是他的优点而不是缺点,利用个人特有的才能再委以相应责任,使其各安其职,这样才会使各方矛盾趋于平衡。

提出者:英国管理学家 E. 特雷默。

启示:当今世界的竞争,其实质就是人才的竞争。班组如何科学、合理、有效地唯才是用,是摆在班组长面前的首要难题。班组里没有无用的人,只有不会用人的班组长。善于用人,不仅要善于将人才放在合适的岗位上,更重要的是要知道如何发挥他们的最大特长,知道如何充分发挥他们的特点。会用人既是大的智慧,也是一门艺术,它需要具备伯乐的智慧,既通晓人性的各种弱点,又要懂得运用为人处世的种种技巧。身为班组长,用错了人,不但不会给班组带来任何效益,反而会越帮越忙;而用对了人,将使你的工作更加轻松自如。压力只有在能承受它的人那里才会化为动力。

 案例分析

唐太宗的治国团队

在我国唐朝时期,在一次宴会上,唐太宗对王珪说:"你善于鉴别人才,尤其善于评论,你不妨从房玄龄等人开始,都一一做些评论,评一下他们的优缺点。同时和他们互相比较一下,你在哪些方面比他们优秀。"

王珪回答说:"孜孜不倦地办公,一心为国操劳,凡所知道的事没有不尽心尽力去做,在这方面我比不上房玄龄。常常留心于向皇上直言建议,认为皇上能力德行比不上尧舜很丢面子,这方面我比不上魏征。文武全才,既可以在外带兵打仗做将军,又可以进入朝廷搞管理担任宰相,在这方面我比不上李靖。向皇上报告国家公务,详细明了,宣布皇上的命令或者转达下属官员的汇报,能坚持做到公平公正,在这方面我不如温彦博。处理繁重的事务,解决难题,办事井井有条,这方面我也比不上戴胄。至于批评贪官污吏,表扬清正廉署,疾恶如仇,好善喜乐,这方面比起其他几位能人来说,我也有一日之长。"唐太宗非常赞同他的话,而大臣们也认为王珪完全道出了他们的心声,都说这些评论是正确的。

点评:从王珪的评论可以看出唐太宗的团队中,每个人各有所长,但更重要的是唐太宗能将这些人依其专长运用到最适当的职位,使其能够发挥自己所长,进而让整个国家繁荣强盛。

每个人的才华虽然高低不同,但一定是各有长短,因此在选用人才时要看重的是他的优点而不是缺点,利用个人特有的才能再委以相应的责任,使其各安其职,这样才会使各方矛盾趋于平衡。否则,职位与才华不相适应,应有的能力发挥不出,彼此之间互不信服,势必造成冲突的加剧,这是我们选用人才时要考虑的一个重要问题。

2)应用指导

正确对待每个人的长处与短处。在实际工作中,班组长要努力发现职工的长处,并为他们这些长处的发挥提供足够的空间和舞台,可从三个方面加以认识:

(1)人才不等于全才。"金无足赤,人无完人",人之长短各有所侧重,有些人能最大限度地凸显自身优势,且能较好地隐藏其不足之处;相反,有些人彰显在外的则是其缺点,而其优点往往不容易被发现。

(2)扬长避短,重长轻短。作为班组长,不能单凭其表象就对下属职工定性,确定孰优孰劣,而要善于发掘其背后的另一面。要把问题看深看远,一方面不能夸大其优势,无视其不足,亦不可只见其缺点,不见其优点,走入以短掩长的误区。不可否认,班组中也有潜藏的"能人""高人",或许他们不善表达,性格木讷,不善广结人缘,只是勤勤恳恳地做好手中的工作,是很容易被忽略的角色。班组长若能深入其中,做一些细致的观察与了解,就能够发现他们原来是身怀绝技的技术能手和行家。

(3)瑕不掩瑜,不因短而舍长。如果班组长没有发掘潜在人才的观念或眼力,或者看不到一个人的短处在一定程度上能转化为优势的客观事实,而只是轻易认定"某某不行",这就犯了现代企业用人中以短掩长之大忌,就不可能达到现代企业人力资源的最有效配置。只有做到"智者取其谋,愚者取其力,勇者取其威,怯者取其慎",才会促使企业在市场竞争中蓬勃发展。

"天生我材必有用",世间没有无用的人,只有不会用人的班组长。

3. 皮京顿定理

1)定理内容

皮京顿定理:人们如果无法明白地了解到工作的准则和目标,他必然无法对自己的工作产生信心,也无法全神贯注。

提出者:美国皮京顿兄弟公司总裁阿拉斯塔·皮京顿。

启示:如果每一名职工都清楚明了自身岗位的工作目标,就会使职工创造出更高绩效。目标会使职工产生压力,从而激励他们更加努力工作。相反,如果职工对班组或自身岗位的目标不甚了解,对自己的岗位职责不清,没有明确的工作目标,必将大大降低目标对职工的激励力量。当然,光有目标还远远不够,还必须培养职工对工作的态度、对待工作的责任心,只有这样每个职工才具有安全自控力。

 案例分析

小和尚撞钟

从前,有一个小和尚担任撞钟一职,半年下来,觉得实在是无聊至极。有一天,住持宣布调他到后院劈柴挑水,原因是他不能胜任撞钟一职。小和尚很不服气地问:"我撞的钟难道不准时、不响亮?"老住持耐心地告诉他:"钟声是要唤醒沉迷的众生。你撞的钟虽然很准时,但钟声空泛、疲软,缺乏浑厚悠远的气势,因而就没有感召力。"小和尚没办法,只好到后院去劈柴挑水(图3-7)。

点评:从表象看,小和尚没有把钟撞好,而被调去担任劈柴挑水之职,似乎是在情理之中,但是,从另一个角度看,如果从小和尚进入寺院的第一天起,其管

图3-7 小和尚撞钟

理者就能够告诉他撞钟的要领及意义,或者在小和尚撞钟的过程中,及时指出他所存在的问题,至少也不至于撞了几个月钟而莫名其妙地被调换工作吧。

为职工设定一个明确的工作目标,并向他们提出工作挑战,会使员工创造出更高绩效。目标会使员工产生压力,从而激励他们更加努力工作。相反,如果员工对组织的发展目标不甚了解,对自己的职责不清,没有明确的工作目标,必将大大降低目标对员工的激励力量。

2)应用指导

俗话说,没有带不好的兵,只有带不好兵的带兵人!那么,应用到班组中可以这样说:没有带不好的职工,只有带不好职工的班组长!班组管理应做到"三要":

(1)目标要清晰。目标是一个体系,一要科学合理、清晰有效;二要和职工进行充分的沟通,对确定的目标要分解到岗位(个人)、各个生产活动环节、各个阶段,让职工看得见、摸得着,只有打动职工的心,才能激发出职工的斗志。

(2)职责要分明。"你挑担,我牵马"很明确,责任要落实到个人,行为举止要规范,只有这样才能让职工集中精力、心无旁骛,专注于责任的落实。如果是"你挑我的担,我牵你的马",任何目标都将成为纸上谈兵。

(3)指导要彻底。"人非圣贤,孰能无过",在落实目标的过程中,要加强巡视指导,善用"威尔逊法则",对落实不到位的要及时指出问题所在,并及时纠正,否则,目标必然空泛且无价值。如作为班组长的值班站长,在班前会议中要给班组成员做详细的任务指导。

任务2 班组设备管理

学习要求

1.了解设备管理基础知识。
2.了解设备管理的特点和意义。
3.掌握班组设备管理的内容及要求。

一、设备管理概述

1. 设备管理的演变

设备是指可供企业在生产中长期使用,并在反复使用中基本保持原有实物形态和功能的劳动资料和物质资料的总称。

设备管理的历史主要体现在维修方式的演变上。

1) 事后维修阶段

特点:

(1) 坏了再修,不坏不修。

(2) 缺乏修理前的准备,修理停歇时间较长。

(3) 修理无计划,常打乱生产计划,影响交货期。

2) 预防维修阶段

特点:

(1) 根据零件磨损规律和检查结果,在设备发生故障之前有计划地进行修理。

(2) 由于修理的计划性,便于做好修理前的准备工作,使设备修理停歇时间大为缩短。

3) 设备综合管理阶段

基本思想:设备的制造与使用相结合、修理改造与更新相结合、技术管理与经济管理相结合、专业管理与群众管理相结合,以及预防为主、维修保养与计划检修并重等。

2. 城市轨道交通运营设备

城市轨道交通运营设备包括行车车辆设备及车站、车场设备。以地铁车站为例,主要由自动扶梯与升降电梯、AFC系统(图 3-8)、屏蔽门系统、综合监控系统、环控系统、通风系统和给排水系统组成。

(a) 闸机

图 3-8 地铁车站 AFC 系统

(b)自动售票机

续图 3-8

3. 设备管理的基本内容

(1)选择和购置所需设备。

(2)组织安装和调试设备。

(3)合理使用设备。

(4)及时检修与精心维护设备。

(5)掌握时机,及时改造和更新设备。

(6)其他设备的日常管理。

二、设备管理的特点和意义

1. 设备管理的特点

(1)全面性。设备管理是设备寿命周期的全过程管理,也就是对设备一生的管理,即包括设备的规划、设计、制造、安装、使用、维修、报废的全过程。

(2)系统性。生产维修中的预防维修、改善维修和维修预防三者形成现代设备管理的全系统,其目的在于通过系统管理,改善对维修预防的信息反馈,提高设备的可靠性和维修性,当前系统实现智能化升级(图 3-9)。

(3)生产性。对重点设备预防维修,对一般设备实行事后维修,狠抓故障的降低,使维修和生产的结合更为密切。

(4)经济性。在设备维修阶段,要求在设备停机损失和维修费用之间实现最佳平衡,以达到设备维修的最佳经济效果。

(5)科学性。设备管理是在许多科学理论发展基础上产生的,因此,它运用了许多现代管理科学理论,使设备管理方法更为科学化。例如,运用"可靠性工程"解决故障分析和防止故障的对策问题,运用"价值分析"解决备件及维修的经济性问题,运用"系统工程"解决设备管理的先天与后天关系问题。

(6)全员性。运用行为科学的理论来提高企业从领导到员工对设备管理的积极性,建立

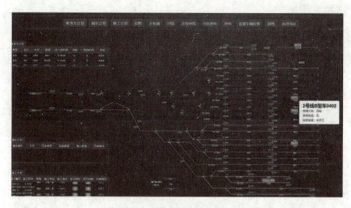

图 3-9　智能化设备管理系统

自主管理的体制。

2. 设备管理的意义

设备管理对于班组顺利生产、提高装备水平、提高企业经济效益有着重要意义：

(1)加强设备管理是班组顺利进行生产的条件。

(2)加强设备管理是企业提高经济效益的重要手段。

(3)加强设备管理可提高企业班组的装备水平,有利于促进企业现代化。

(4)加强设备管理是安全生产的必要条件。

俗话说：三分手艺,七分工具。这充分说明,搞好生产经营必须要有好设备。我们在使用设备时,应该使设备始终处于最佳状态,合理使用,减少设备的损耗,延长使用寿命,节省使用成本,保证正常生产,努力提高经济效益。所以,我们都要把用好设备和管好设备当作重要任务来抓,如果只用设备,而对设备的状况漠不关心,那就谈不上按质按量的生产保证。

三、班组设备维护与管理

1. 班组设备管理的内容

班组是直接使用设备的场所,对设备的管理有大量工作要做,主要管理内容是：

(1)通过技术培训,让设备的操作者掌握设备性能和操作方法,使设备能够发挥出最佳效能。

(2)制定设备的操作、维护责任制,贯彻安全操作规程,并同岗位经济责任制的检查、考核结合起来。

(3)做好设备运行时间、运行状况、生产数量、产品质量等设备运行记录,保证各种原始记录准确无误。

(4)定期检查设备的性能、完整、安全状态。对异常现象及时采取维护措施,或指出亟待维修的部位,向有关方面申请及时检修。

(5)及时处理设备故障,配合处理设备事故,在职责范围内,认真做好有关的准备和善后工作。

(6)认真登记和保管好班组负责的设备档案,不漏记、不涂改、不遗失、不损伤,确保设备档案的完整。

(7)按要求做好设备生产能力的核查、保养水平的统计、完好状态的普查等工作,严格执行设备运行的交接班制度。

图 3-10 为设备磨损曲线。

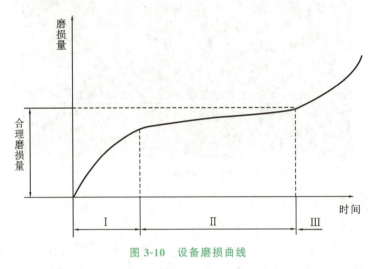

图 3-10　设备磨损曲线

2. 班组设备管理的要求

班组设备管理的基本要求是"三好""四会"。

1)"三好"的具体内容

(1)管好。

①操作工人自己使用的设备及其附件要保管好。

②未经领导批准,不能任意改动设备结构。

③非本设备操作人员,不准擅自使用。

④操作者不能擅离工作岗位。

(2)用好。

①严格遵守设备的操作规程,不超负荷使用。

②不精机粗用、大机小用。

③不带病运转。

④不在机身导轨面上放置工件、计量器具和工具等。

(3)修好。

①保证设备按期修理,认真做好一级保养。

②修理前主动反映设备情况。

③修好后认真进行试车验收。

2)"四会"的具体内容

(1)会使用。

①熟悉设备结构。

②掌握操作规程,正确合理地使用设备。

(2)会保养。

①保证设备内外清洁。

②熟悉掌握一级保养内容和要求。

(3)会检查。
①设备开动前,会检查操作机构是否良好。
②设备开动后,会检查声音有无异常,并能发现故障隐患。
③设备停工时,会检查有关指标,并能做简单的调整。
(4)会排除故障。
①通过设备的声响、温度、运行情况等现象,能及时发现设备的异常状态,并能判断出异常状态的部位及原因。
②根据自己确切掌握的技能,采取适当的处理措施,自己不能解决的,能迅速判断出来并及时通知检修人员协同处理,排除故障。

3. 班组设备日常维护

设备的日常点检:
(1)设备日常点检由设备的操作者按照规定的检查点和检查标准,对设备有无异常状况和设备外观进行检查,早期发现并排除故障。
(2)日常点检要使用点检卡。一般来说,点检卡由设备管理部门统一制定。检查项目一般是针对设备影响产品产量、质量和关系到设备正常运行的主要部位。
①检查各紧固件(如螺栓、弹簧垫圈)是否紧固。
②检查各电气设备,如电动机、开关等声音是否正常,温度是否超限。
③检查各电缆接线是否良好。
④检查信号与照明系统的性能是否完好,保护系统是否灵敏可靠。
⑤检查移动变电站、馈电开关的漏电保护、过流保护、接地保护是否灵敏、可靠、齐全,是否有试验记录。
⑥检查备用机械设备、电气设备是否达到完好状态。
⑦清扫设备,如实认真填写检修记录(图3-11)。

设备故障报修单					
车间名称:		报修人:	报修日期:年 月 日 时 分		完工日期:年 月 日 时 分
报修内容:					
(下栏内容均由维修人员填写)					
故障原因:				维修人:	
是否有备件:				维修日期:	年 月 日 时 分
解决措施办法:				维修工时(分钟):	
未解决故障原因:				通知上级主管:	是 □ 否 □

图3-11 设备故障报修单

(3)在点检中发现问题,需视其严重程度,采取不同的途径解决。这些途径有:
①一般简单调整、修理可以解决的,由操作者自行解决。
②加强与维修部门的沟通协调,由设备维修人员及时排除检查中发现的难度较大的故

障隐患。

4. 做好班组设备管理

班组设备管理是企业设备管理的基础,因此发动生产职工管好、用好、维护好自己操作的设备,加强生产班组的设备管理工作,就显得更为重要,而且做好班组设备管理也是贯彻"专业管理与群众管理相结合"方针的有效措施。

1)班组设备管理的基本任务

班组设备管理的基本任务可以概括为专人管理、正确使用、合理润滑、精心维护、定期保养、安全生产、做好原始记录,以保持设备长期处于良好的技术状态,确保产品质量和生产任务的顺利完成。

2)班组设备管理的工作内容

(1)专人管理。实行"定人定机,凭证操作",建立台台设备有人管、有人维护保养的岗位责任制,并将该台设备的管理负责人,用统一格式写在设备标牌上(图3-12)。

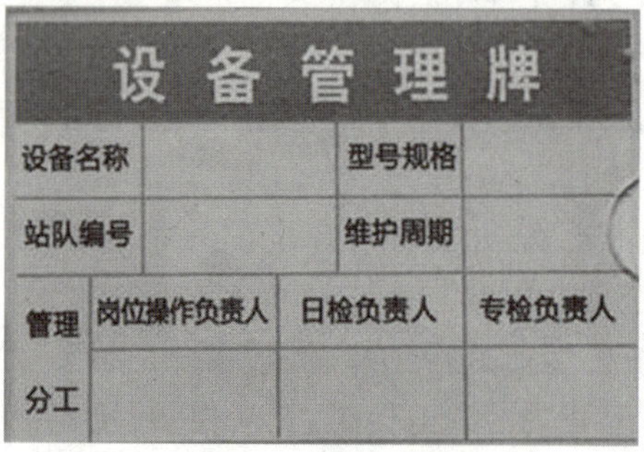

图 3-12 设备管理牌

(2)正确使用。操作者必须熟知设备的规格、性能、构造和调整方法,不准超负荷、超规格、超速使用设备,同时要遵守设备操作规程。

(3)精心维护。设备的日常维护保养分为班保养、周保养和月保养。精心做好维护保养工作是减少故障、保证生产、延长设备使用寿命的关键。班保养和周保养的具体内容如下:

①班保养。由操作者负责进行,要求做到:班前对设备各部位进行检查,确认正常后才能使用。设备运行中要严格遵守操作规程,注意观察运行情况,发现异常要及时处理,操作者不能排除的故障应立即通知维修工人检修。下班前用5~10分钟进行设备的清洁保养,要求各导轨面清洁,各处积油、积水、积屑清除干净,设备外表清洁,零附件无缺损,摆放整齐,工作地面整洁,做好交接班和运行记录。

②周保养。由操作者在周末用0.5小时进行,要求除完成班保养内容外,还应全面清洁设备各表面和死角,拆洗防护罩,清洗油池、油线、油毡和外露部分传动件。

3)班组长在班组设备管理中的职责

(1)积极执行单位有关设备管理的各项规章制度,接受单位设备管理部门的业务指导。

(2)检查和督促本班组设备操作者正确使用设备,认真执行设备操作规程,不违章使用设备。

(3)组织本班组设备操作者严格执行设备班保养、周保养、月保养和定人定机,做好原始记录,充分发挥班组作用等。

4)如何开展班组设备管理

(1)组织培训。班组长要定期组织操作者进行设备安全操作规程的学习。学习方式可以采取集中讲课、岗位练兵、师傅带徒弟等不同形式,以巩固和提高设备的安全操作技能水平。

(2)开展设备群管活动。班组设备管理是设备群管的基础,班组应广泛开展群管活动,定期进行检查,使设备管理真正建立在全员保证的基础上。

(3)定期进行检查、评比、奖罚。班保养由班组操作者每天检查记录,周保养由班组长和班组操作者每周末逐台检查记录,月保养共同检查记录并报部门。班组应结合奖金分配进行奖罚,但必须奖罚分明,有奖有罚并公布于众。

任务 3　班组材料管理

 学习要求

1. 了解材料管理的意义。
2. 了解材料管理的内容。
3. 了解工具备品管理制度。

一、材料管理的意义

班组材料管理是城轨运营企业物资管理的一项基础性工作,是企业经营管理的重要组成部分。做好班组材料管理与轨道交通运营企业搞好运输安全生产、提高经济效益有着密切的关系,我们必须树立精打细算、勤俭节约、增收节支、爱护公物的思想,重视和做好班组材料管理工作。

二、材料管理的内容

班组是运输安全生产的集体生产劳动基本单位,在运输安全生产过程中,作为生产基本要素之一的"物"在不停地运动着。如何正确地组织物力,以最少的投入获取最大的经济效益,必然成为班组材料管理的基本任务。所谓班组材料管理,就是依据企业物资管理方针目标,对生产过程所需的材料做好计划、保管、使用和回收工作。通过班组材料管理,促进班组挖掘物资潜力,充分发挥物资效用,加速物资周转,降低物资消耗水平,提高经济效益。

班组材料管理工作的基本内容,大致有五个方面。

1. 用料计划管理

班组的用料计划管理,是指对班组所需的材料,以企业材料成本控制计划为指导,结合养护维修任务,按照材料消耗定额和费用承包,有计划、有步骤地进行管理。通过班组用料计划管理,把班组生产需要同车间、段的采购计划很好地衔接起来,在品种、数量、时间上得到平衡,为班组生产提供物资保证;能够全面贯彻节约原则,精打细算,充分利用资源,使现有材料发挥最大的经济效益;促进车间物资流转过程的各个环节相互协调、紧密协作,形成一个统一的有机整体,杜绝或减少物资损失浪费,保证运输安全生产顺利进行。

2. 材料消耗管理

班组的材料消耗管理,主要是要加强材料消耗定额的管理和广泛开展物资节约工作。在保证设备养护维修质量的前提下,千方百计地降低材料消耗水平,为提高企业经济效益发挥班组应有的积极作用。

3. 材料储备管理

为了保证现场生产的正常进行,班组需要建立一定量的材料储备。但是,储备的材料过多,就会因超储而占压资金,增加费用开支,延缓资金周转速度,还会造成物资积压损失。加强班组材料储备管理,首先要对储备的材料加以分类,根据安全影响程度和使用频度,分别制定储备定额,建立相应的管理制度。对于不同作用的物资,采用不同的储备控制和保管方法,在保证正常生产的条件下,不断降低储备水平,加速物资周转。

4. 材料核算管理

班组材料核算的内容包括:材料领用的核算,库存材料的盘点核算,超储积压材料的上报处理,材料收入、支出统计,材料消耗定额统计,材料成本控制计划执行结果,等等。班组材料核算是站段财务会计核算的基础。班组必须按规定准确及时地办好材料的收发手续,整理好原始记录,登记好账卡,编制好报表,确保账、卡、物三位一体,完全相符。

5. 废旧材料回收管理

做好设备修理养护更换下来的废旧材料的收集整理、加工等工作,是班组开展"修旧利废"、充分发挥物资效用、降低物资消耗的重要途径,也是运输生产的一项重要补充资源,有利于减少资源浪费,控制材料成本支出,提高经济效益。因此,班组必须树立节约物资意识,不断加强废旧材料的回收利用和上缴处置工作。

以上五个方面构成了班组材料管理工作的全过程,它们是紧密相关、互为影响的。班组材料管理应根据"生产与节约并重"的原则,狠抓每一个管理环节,最大限度地节约材料,做到"既要使用得好,又要回收得好",才能取得最大经济效益。

三、工具备品的管理

工具备品的管理是班组物资管理的一项重要工作。班组每天的生产劳动都离不开生产工具,一般的生产工具,具有使用频繁、磨损快、寿命短、调换量大的特点,因此在管理上我们对工具备品实行定量管理。

工具备品一般指的是价值在规定限额以下,或使用年限在一年以内的各种物品(图 3-13)。对工具备品的管理主要通过建立四项制度来实行。

1. 保管责任制度

(1)班组一切工具都应由工管员负责管理,未经工管员同意不得任意动用或外借。

(2)工管员对发给班组或个人使用的工具备品,均应建立保管台账,做到物各有主、人各有责。

(3)物品移交必须由双方人员在交接凭证上签认,未办理移交手续不得离任,如交接不清,发生物品短少,由接收人负责。

(4)定期每月盘点,如发现物品短少要及时查明原因和责任者,久拖不办理有关手续而造成账物不符的,由保管人负责。

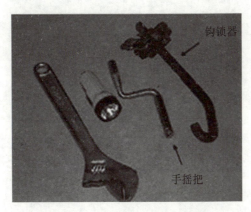

图 3-13　手摇道岔使用的工具

(5) 严格遵守借用规定,对借出的物品要有记录,及时催回,如果不催回而造成短少,由保管人负责。

(6) 做好日常物品的保养和检查工作,液压工具、电动工具和小型机具发生故障时及时交站段修理或更换,禁止带病使用。

(7) 收工回来后应清点数量,定置存放,锁闭门窗,防止盗窃丢失。

2. 以旧换新制度

(1) 贯彻勤俭节约方针,严格掌握工具备品报废标准,控制工具修理量和费用。

(2) 对磨损到限的工具备品,及时办理以旧换新,保证生产正常进行。

(3) 严格把关,防止冒领、私用。

3. 报废注销批准制度

报废注销一律由站段材料部门集中办理,班组无权自行鉴定报废、注销记录。

4. 遗失损坏赔偿制度

(1) 由于丢失、损坏和其他原因短少的物品,应由工管员负责填制"物品遗失、损坏评定单",报告给班组分析原因和责任。

(2) 车站材料部门负责审核并提出处理意见,属于个人责任的,视情节实行"遗失赔偿"制度。

(3) 车站材料部门对物品遗失损坏要严格掌握赔偿标准,不得随意降低标准赔偿金额。

思考与练习

1. 什么是班组现场管理?
2. 班组现场管理的标准有哪些?
3. 班组现场管理的方法有哪些?
4. 简述设备管理的特点及意义。
5. 班组设备管理的内容有哪些?
6. 班组工具备品管理要遵循哪些制度?

项目 4　班组安全管理

项目思政

项目概述

　　班组是企业管理最基本的组织及管理单元,企业生产经营等各种目标都要通过班组的生产作业来实现,所以班组是企业一切工作的前沿阵地。据统计,90%以上的事故发生在班组,80%以上的事故是班组违章指挥、违章作业、隐患未及时发现和消除所造成的,班组安全管理工作的好坏直接影响着企业各项经济指标的实现。因此,班组安全管理是班组其他各项活动的前提和保证,搞好班组安全管理,对完成企业生产目标、提高企业整体素质、保持企业旺盛活力、提高企业安全管理水平有着十分重要的意义。

　　安全是城市轨道交通运营中不可忽视的重要问题,"安全第一"是乘客的基本需求和首要标准,也是轨道交通运营管理的主题。运营安全不但反映了轨道交通运营管理水平和运输服务质量,而且是城市轨道交通系统实现顺畅、高效运营的前提。运营安全有序是每个轨道交通运营公司所追求的目标,也是满足乘客需求、获得良好社会和经济效益的根本保证。做好班组安全管理工作,思想上应当牢固树立"安全责任重于泰山"的观念,实施中注重从"严"、从"细"、从"实",确保班组成员做到"三不伤害",坚持以人为本,防患于未然,实现安全生产。

　　本项目共分为四个部分。第一部分介绍班组安全教育培训。安全教育是事故预防与控制的重要手段之一。根据事故致因理论,要想控制事故,首先是通过技术手段(如报警装置等)、通过某种信息交流方式告知人们危险的存在或发生;其次是要求人在感知到有关信息后,正确理解信息的意义,即何种危险发生或存在,该危险对人会有何伤害,以及有无必要采取措施和应采取何种应对措施等。上述过程均是通过安全教育的手段实现的。第二部分介绍班组现场安全生产管理。现场是最容易发现安全隐患和产生安全风险的场所,现场安全管理是最低层次的安全管理活动,是组成生产经营单位安全管理活动的"细胞",是其他高层次管理活动得以实施的保证。生产经营单位的现场安全管理水平是其安全管理水平的重要标志。班组现场安全管理要按照企业安全管理的总体要求,持续整理、整顿,做好定置定位、隐患预防与排查、专人监督等工作,让安全隐患彻底消失在萌芽状态。第三部分介绍安全事故处置调查。事故的分析、调查、处理是事故发生后的重要环节,目的是及时恢复正常,找出事故发生的原因和形成机制,并制定相应的措施、方法与手段,减少和杜绝事故的再次发生。第四部分介绍班组公共危机处理。公共危机管理的主要工作是研究问题、发现问题、解决问题,目的是恢复社会秩序,保障人们的正常生产和生活秩序。

教学目标

1. 学习目标：
- 了解班组安全教育培训的内容、意义和方法。
- 掌握班组现场安全生产管理和安全事故调查的内容和方法。
- 了解班组公共危机处理的内涵、模式和机制。

2. 素质目标：

培养创新精神,提升综合素质,熟练掌握班组管理的各类知识、技能,严格执行班组管理工作程序、工作标准,提升班组管理工作水平和效率。

任务 1　班组安全教育培训

学习要求

1. 了解安全教育的意义。
2. 掌握安全教育的内容。
3. 了解安全生产教育培训的对象和内容。
4. 了解安全生产教育的形式和方法。

从系统论的观点出发,与城市轨道交通运营安全有关的因素可以划分为四类:人、机器、环境和管理。而这四者中,轨道交通安全与许多活动有关,所有各项活动都依赖于高效、安全和可靠的人的行为。影响城市轨道交通运营安全的人员分为两类:

1. 运营系统内部人员

运营系统内部人员包括各级领导人员、专职管理人员、基层作业人员,他们是保证运营安全的最关键的人员。以下是由于运营系统内部人员工作疏忽带来的安全事故:

2011年9月27日14:10分,上海地铁10号线新天地站设备故障,交通大学至南京东路上下行采用电话闭塞方式,列车限速运行。其间14:51分豫园至老西门下行区间两列车不慎发生追尾,14点51分,虹桥路站至天潼路站9站路段实施临时封站措施,其余两端采取小交路方式保持运营,启动公交配套应急预案,公安、武警等赶赴现场协助疏散。截至2011年9月27日20:38分,两列事故列车内500多名乘客已经全部撤离车站,经初步统计,有伤员40余名,大部分为轻微伤乘客,未发现重伤。受伤乘客已得到及时的医护处理。

事故原因分析：

在未进行风险识别、未采取有针对性的防范措施的情况下，申通集团维保中心供电公司签发了不停电作业的工作票，并经上海地铁第一运营有限公司同意，9月27日13时58分，上海自动化仪表股份有限公司电工在进行地铁10号线新天地车站电缆孔洞封堵作业时，造成供电缺失，导致10号线新天地集中站信号失电，造成中央调度列车自动监控红光带、区间线路区域内车站列车自动监控面板黑屏。地铁运营由自动系统向人工控制系统转换。

此时，1016号列车在豫园站下行出站后显示无速度码，司机即向10号线调度控制中心报告，行车调度员命令1016号列车以手动限速（RMF）方式向老西门站运行。14时，1016号列车在豫园站至老西门站区间遇红灯停车，行车调度员命令停车待命。14时01分，行车调度员开始进行列车定位。14时08分，行车调度员未严格执行调度规定，违规发布调度命令。14时35分，1005号列车从豫园站发车。14时37分，1005号列车以54公里/时的速度行进到豫园站至老西门站区间弯道时，发现前方有列车（1016号）停留，随即采取制动措施，但由于惯性仍以35公里/时的速度与1016号列车发生追尾碰撞。

2. 运营系统外部人员

运营系统外部人员即指乘客，其对运营安全的影响主要表现在：

(1)攀爬、跨越栏杆和检票闸机，或强行冲闸；

(2)站台屏蔽门关门提示警铃鸣响、灯光闪烁时，抢上抢下车；

(3)非法拦车，在非紧急状态下动用紧急或安全装置；

(4)跳下站台，进入轨道、隧道或其他地铁限制区域；

(5)擅自操作有警示标志的按钮、开关装置；

(6)损毁或移动地铁设备设施；

(7)在车站、站台、站厅、出入口、通道、通风亭、冷却塔外侧5米内停放车辆、堆放杂物或者擅自摆摊设点堵塞通道；

(8)在地铁出入口外侧30米内放置易燃、易爆、危险物品；

(9)在车站或列车内滋事斗殴。

以下安全事故的导火索是乘客不遵守乘车规定：

2014年3月4日10时40分许，乘客徐某某、杨某在搭乘广州地铁5号线1507次列车途经广州火车站至西村站区间时，徐某某使用杨某随身携带的催泪喷射器（经鉴定，含有催泪剂CS成分）向列车地面喷射，致使车厢内瞬间弥漫刺激性气味，导致大量乘客产生恐慌情绪并在列车停靠西村站时涌出车厢发生踩踏事件。事件造成13名乘客受伤，广州市地下铁道总公司直接经济损失达人民币2.8万余元，并造成21列列车晚点，严重影响列车营运，产生了较恶劣的社会影响。

一、安全教育的意义

相对于制度和法规对人的约束，安全教育采用的是一种和缓的说服、诱导的方式，授人以改造、改善和控制危险的手段，指明通往安全稳定境界的途径，因而更容易为大多数人所接受，更能从根本上起到消除和控制事故的作用；而且通过接受安全教育，人们会逐渐提高其安全素质，使得其在面对新环境、新条件时，仍有一定的保证安全的能力和手段。

所谓安全教育,实际上包括安全教育和安全培训两大部分。

安全教育是通过各种形式,包括学校的教育、媒体宣传、政策导向等努力提高人的安全意识和素质,使人学会从安全的角度观察和理解要从事的活动及面临的形势,用安全的观点解释和处理自己遇到的新问题。安全教育主要是一种意识的培养,是长时期的甚至贯穿于人的一生,并在人的所有行为中体现出来,而与其所从事的职业并无直接关系。

安全培训虽然也包含有关教育的内容,但其内容相对于安全教育要具体得多,范围要小得多,主要是一种技能的培训。安全培训的主要目的是使人能在某种特定的作业或环境下正确并安全地完成其应完成的任务,故也有人称在生产领域的安全培训为安全生产教育。

安全生产教育,主要是指企业为提高职工安全技术水平和防范事故能力而进行的教育培训工作,也是企业安全管理的主要内容。它与消除事故隐患、创造良好的劳动条件相辅相成,缺一不可。

开展安全教育既是企业安全管理的需要,也是国家法律法规的要求。中华人民共和国成立至今,党和国家先后对安全教育工作做出了多次具体规定,颁布了多项法律、法规,明确提出要加强安全教育。同时,在重大事故调查过程中,是否对劳动者进行了安全教育也是影响事故处理决策的主要因素之一。

运营安全有序是每个轨道交通运营公司所追求的目标,也是满足乘客需求、获得良好社会和经济效益的根本保证。开展安全教育不仅是城轨运营企业安全生产向广度和深度发展的需要,也是职工掌握各种安全知识,更好地服务于大众,避免造成安全事故的主要途径。

二、安全教育的内容

城轨运营企业一线班组安全教育的内容可概括为安全态度教育、安全知识教育和安全技能教育三个方面。

1. 安全态度教育

要想增强人的安全意识,首先应使之对安全有一个正确的态度。安全态度教育包括两个方面,即思想教育和态度教育。其中,思想教育包括安全意识教育、安全生产方针政策教育和法纪教育。

安全意识是人们在长期生产、生活等各项活动中逐渐形成的。由于人们实践活动经验的不同和自身素质的差异,对安全的认识程度不同,安全意识就会出现差别。安全意识的高低将直接影响安全效果。因此,在生产和社会活动中,要通过实践活动加强对安全问题的认识并使其逐步深化,形成科学的安全观,这就是安全意识教育的主要目的。

安全生产方针政策教育是指对企业的各级领导和广大职工进行党和政府有关安全生产的方针、政策的宣传教育。党和政府有关安全生产的方针、政策是为适应生产发展的需要,结合我国的具体情况而制定的,是安全生产先进经验的总结。不论是实施安全生产的技术措施,还是组织措施,都是在贯彻安全生产的方针、政策。只有安全生产的方针、政策被各级领导和工人群众理解和掌握,并得到贯彻执行,安全生产才有保证。在此项教育中要特别认真开展的是"安全第一,预防为主"这一安全生产方针的教育。只有充分认识、深刻理解其含义,才能在实践中处理好安全与生产的关系。特别是安全与生产发生矛盾时,要首先解决好安全问题,切实地把安全工作提高到关系全局及稳定的高度来认识,把安全视作企业头等大事来抓,从而提高安全生产的责任感与自觉性。

法纪教育的内容包括安全法规、安全规章制度、劳动纪律等。安全生产法律、法规是方针、政策的具体化和法制化。通过法纪教育,使人们懂得安全法规和安全规章制度是实践经验的总结,它们反映了安全生产的客观规律;自觉地遵章守法,安全生产就有了基本保证。同时,通过法纪教育还要使人们懂得,法律带有强制的性质,如果违章违法,造成了严重的事故后果,就要受到法律的制裁。企业的安全规章制度和劳动纪律是劳动者进行共同劳动时必须遵守的规则和程序,遵守劳动纪律是劳动者的义务,也是国家法律对劳动者的基本要求。加强劳动纪律教育,不仅是提高企业管理水平、合理组织劳动、提高劳动生产率的主要保证,也是减少或避免伤亡事故和职业危害、保证安全生产的必要前提。据统计,我国因职工违反操作规程、不遵守劳动纪律而造成的工伤事故占事故总数的60%~70%。为此,全国总工会提出要贯彻"一遵二反三落实",即教育职工遵守劳动纪律,反对违章指挥、违章作业,监督与协助企业行政部门落实各级安全生产责任制,监督与协助企业行政部门落实预防伤亡事故的各种措施,组织落实"人人为安全生产和劳动保护做一件好事"活动。这些,对于加强劳动纪律教育、认真执行安全生产规章制度、确保安全生产具有重大意义。

2. 安全知识教育

安全知识教育包括安全管理知识教育和安全技术知识教育。对于带有潜藏性的、只凭人的感觉不能直接感知其危险性的危险因素,安全知识教育尤其重要,如地铁上需做好乘车安全知识教育(图4-1)。

图4-1 地铁安全乘车知识宣传

1) 安全管理知识教育

安全管理知识教育的内容包括安全管理组织结构、管理体制、基本安全管理方法及安全心理学、安全人机工程学、系统安全工程等方面的知识。学习这些知识,可使各级领导和职工真正从理论到实践上认清事故是可以预防的;避免事故发生的管理措施和技术措施要符合人的生理和心理特点;安全管理是科学的管理,是科学性与艺术性的高度结合。

2) 安全技术知识教育

安全技术知识教育的内容主要包括一般生产技术知识、一般安全技术知识和专业安全技术知识。

一般生产技术知识教育的内容主要包括:企业的基本生产概况,生产技术过程,作业方式或工艺流程,与生产过程和作业方法相适应的各种机器设备的性能及有关知识,工人在生产中积累的生产操作技能和经验,以及产品的构造、性能、质量和规格等。

一般安全技术知识是企业所有职工都必须具备的安全技术知识,主要包括:企业内危险设备所在的区域及其安全防护的基本知识和注意事项,有关电气设备(动力及照明)的基本安全知识,起重机械和厂内运输设备的有关安全知识,生产中使用的有毒、有害原材料或可能散发有毒、有害物质的材料及设备的安全防护基本知识,企业中的一般消防制度和规划,个人防护用品的正确使用以及伤亡事故报告方法等。

专业安全技术知识是指从事城市轨道交通企业某岗位的职工必须具备的安全技术知识。城市轨道交通安全技术知识比较专业和深入,其中包括运营安全技术知识、安全卫生技术知识以及根据这些技术知识和经验制定的各种安全操作技术规程等。其内容涉及城市轨道交通运营的各个方面。

3. 安全技能教育

1)安全技能培训和安全技能的形成

仅有安全技术知识并不等于能够安全地进行操作,还必须把安全技术知识变成进行安全操作的本领,才能取得预期的安全效果。要实现从"知道"到"会做",就要借助于安全技能培训,常见的有地铁消防安全培训。

技能是人为了完成具有一定意义的任务,经过训练而获得的完善化、自动化的行为方式。技能达到一定的熟练程度,具有了高度的自动化和精密的准确性,便称为技巧。技能是个人全部行为的组成部分,是行为自动化的一部分,是经过练习逐渐形成的。

安全技能培训包括正常作业的安全技能培训和异常情况的处理技能培训。安全技能培训应按照标准化作业要求来进行,预先制定作业标准或异常情况的处理标准,有计划、有步骤地进行培训。

安全技能的形成是有阶段性的,不同阶段显示出不同的特征。一般来说,安全技能的形成可以分为三个阶段,即掌握局部动作阶段、初步掌握完整动作阶段、动作的协调和完善阶段。在技能形成过程中,各个阶段的变化主要表现在行为结构的改变、行为速度和品质的提高以及行为调节能力的增强三个方面。

行为结构的改变主要体现为动作技能的形成,表现为许多局部动作联系成完整的动作系统,动作之间的互相干扰以及多余动作逐渐减少;智力技能的形成表现为智力活动的多个环节逐渐联系成一个整体,概念之间的混淆现象逐渐减少以至消失,内部趋于概括化和简单化,在解决问题时转化为"简缩推理"。

行为速度和品质的提高主要体现为动作技能的形成,动作速度的加快和动作的准确性、协调性、稳定性、灵活性的提高;智力技能的形成则表现为思维的敏捷性与灵活性、思维的广度与深度、思维的独立性等品质的提高。掌握新知识的速度和水平是智力技能的重要标志。

行为调节能力的增强主要体现在一般动作技能的形成,表现为视觉控制的减弱与动作控制的增强以及动作紧张性的消失;智力技能则表现为智力活动的熟练化、大脑劳动的消耗减少等。

2)安全技能培训计划

在制订安全技能培训计划时,一般要考虑以下几个方面的问题:

(1)循序渐进。对于一些较困难、较复杂的技能,可以把它划分成若干简单的局部动作,有步骤地进行练习。在掌握了这些局部动作以后,再过渡到比较复杂的、完整的操作。

(2) 正确掌握对练习速度和质量的要求。在开始练习阶段可以要求慢一些,而对操作的准确性则要严格要求,使之打下一个良好的基础。随着练习的进行,要适当加快速度,逐步提高效率。

(3) 正确安排练习时间。一般来说,在开始阶段,每次练习的时间不宜过长,各次练习之间的间隔可以短一些。随着技能的掌握,可以适当延长各次练习之间的间隔,每次练习的时间也可延长一些。

(4) 练习方式要多样化。多样化的练习可以激发兴趣,促进练习的积极性,保持高度的注意力。练习方式的多样化还可以培养人们灵活运用知识的技能。当然,方式过多、变化过于频繁,也会导致相反的结果,即影响技能的形成。

在安全教育中,第一阶段应该进行安全知识教育,使操作者了解生产操作过程中潜在的危险因素及防范措施等,即解决"知"的问题;第二阶段为安全技能训练,掌握和提高熟练程度,即解决"会"的问题;第三阶段为安全态度教育,使操作者尽可能地在作业中使用安全技能。三个阶段相辅相成,缺一不可。只有将这三种教育有机地结合在一起,才能取得较好的安全教育效果,使职工在思想上有强烈的安全要求,又具备必要的安全技术知识,掌握熟练的安全操作技能,进而取得安全的结果,避免事故和伤害的发生。

三、安全生产教育培训的对象和内容

1. 对企业主要负责人的教育培训

1) 基本要求

对企业主要负责人必须按照国家有关规定进行安全生产培训,经培训单位考核合格并取得安全培训合格证后方可任职。所有单位主要负责人每年应进行安全生产再培训。

2) 安全教育培训的主要内容

(1) 国家安全生产方针、政策和有关安全生产的法律法规及标准。

(2) 安全生产管理基本知识、安全生产技术、安全生产专业知识。

(3) 重大危险源管理、重大生产安全事故防范、应急管理和救援组织及事故调查处理的有关规定。

(4) 职业危害及其预防措施。

(5) 国内外先进的安全生产管理经验。

(6) 典型生产安全事故和应急救援案例分析。

(7) 其他需要培训的内容。

3) 安全生产再培训的主要内容

(1) 有关安全生产的法律法规、规章、规程、标准和政策。

(2) 安全生产的新技术、新知识。

(3) 安全生产管理经验。

4) 培训时间

培训时间视行业和区域而定。一般来说,建筑施工等单位主要负责人安全资格培训时间不得少于48学时,每年再培训时间不得少于16学时。其他单位如轨道交通主要负责人安全生产管理培训时间不得少于32学时,每年再培训时间不得少于12学时。

2. 对安全生产管理人员的教育培训

1) 基本要求

与行业有关,如轨道交通、建筑施工等单位的安全生产管理人员必须经安全生产监督管理部门或法律法规规定的有关主管部门考核合格并取得安全资格证书后方可任职。其他单位安全生产管理人员必须按照国家有关规定进行安全生产培训,经培训单位考核合格并取得安全培训合格证后方可任职。所有单位安全生产管理人员每年应进行安全生产再培训。

2) 安全教育培训的主要内容

(1) 国家安全生产方针、政策和有关安全生产的法律法规及标准。

(2) 安全生产管理、安全生产技术、职业卫生等知识。

(3) 伤亡事故统计报告及职业危害的调查处理方法。

(4) 应急管理、应急预案编制及应急处置的内容和要求。

(5) 国内外先进的安全生产管理经验。

(6) 典型生产安全事故和应急救援案例分析。

(7) 其他需要培训的内容。

3) 安全生产再培训的主要内容

(1) 有关安全生产的法律法规、规章、规程、标准和政策。

(2) 安全生产的新技术、新知识。

(3) 安全生产管理经验。

(4) 典型生产安全事故案例。

4) 培训时间

危险物品生产、经营、储存单位及矿山、烟花爆竹生产单位、建筑施工单位安全生产管理人员安全资格培训时间不得少于48学时,每年再培训时间不得少于16学时。其他单位如轨道交通单位安全生产管理人员培训时间不得少于32学时,每年再培训时间不得少于12学时。

3. 对特种作业人员的教育培训

1) 对特种作业人员的培训、考核和取证要求

特种作业人员上岗前必须进行专门的安全技术和操作技能的培训与考核,并经考核合格,取得"特种作业操作证"后方可上岗。特种作业人员的培训实行全国统一培训大纲、统一考核标准、统一证件制度,"特种作业操作证"由国家统一印刷,地、市级以上行政主管部门负责签发,全国通用。特种作业人员安全技术考核包括安全技术理论考试与实际操作技能考核两部分,以实际操作技能考核为主。

2) 特种作业人员重新考核和证件的复审要求

离开特种作业岗位达6个月以上的特种作业人员,应当重新进行实际操作技能考核,经确认合格后方可上岗作业。取得"特种作业操作证"者,每3年进行一次复审。连续从事本工种10年以上的,经用人单位进行知识更新教育后,每6年复审一次。复审的内容包括健康检查、违章记录检查、安全新知识和事故案例教育、本工种安全知识考试。未按期复审或复审不合格者,其操作证自行失效。

4. 对企业其他从业人员的教育培训

生产经营单位其他从业人员是指除主要负责人和安全生产管理人员以外,该单位从事

生产经营活动的所有人员,包括其他负责人、管理人员、技术人员和各岗位的工人,以及临时聘用的人员。

1)对新从业人员的培训

对新从业人员应进行公司、车站(厂)、班组三级安全生产教育培训。

公司级安全教育培训的内容主要是:本单位安全生产情况及安全生产基本知识;本单位安全生产规章制度和劳动纪律;从业人员的安全生产权利和义务;有关事故案例。

车站(厂)级安全生产教育培训的内容主要是:本车站(厂)安全生产状况和规章制度;工作环境及危险因素;所从事工种可能遭受的职业伤害和伤亡事故,所从事工种的安全职责、操作技能及强制性标准;自救、互救、急救方法,疏散和现场紧急情况的处理;安全设备设施、工人防护用品的使用和维护;预防事故和职业危害的措施以及应注意的安全事项;有关事故案例;其他需要培训的内容。

班组级安全生产教育培训的内容主要是:岗位安全操作规程;岗位之间工作衔接配合的安全与职业卫生事项;有关事故案例;其他需要培训的内容。

新从业人员安全生产教育培训时间不得少于24学时,每年接受再培训时间不得少于20学时。

2)对调整工作岗位或离岗以后重新上岗的从业人员的培训

从业人员调整岗位或离岗一年以上重新上岗时,应进行相应的车站(厂)级和班组级安全生产教育培训。脱离原岗位半年以上重新上岗时,须重新接受班组级安全生产教育培训。

企业实施新工艺、新技术或使用新设备、新材料时,应对从业人员进行有针对性的安全生产教育培训。

3)经常性的安全培训

企业要确立终身教育观念和全员培训的目标,对在岗的从业人员应进行经常性的安全生产教育培训。其主要内容是:安全生产新知识、新技术;安全生产法律法规;作业场所和工作岗位存在的危险因素及防范措施;有关事故案例等。

四、安全生产教育的形式和方法

安全生产教育的形式有:三级安全教育、特种作业人员安全教育训练、经常性安全教育等。经常性安全教育形式有:在每天的班前班后会上说明安全注意事项,举办"安全活动日""安全生产月"等活动及各类安全生产业务培训班,召开安全生产会议、事故现场分析会,张贴安全生产招贴画、宣传标语及标志,开展安全竞赛、安全考试、安全演讲等。

安全生产教育的方法有:课堂讲授法、实操演练法、案例研讨法、读书指导法、宣传娱乐法等。

安全教育应利用各种教育形式和教育手段,以生动活泼的方式来实现安全生产这一严肃的课题。

安全教育的形式大体可分为以下七种:

(1)广告式,包括安全广告、标语、宣传画、标志、展览、黑板报等形式,它以精练的语言、醒目的方式在醒目的地方展示,提醒人们注意安全和怎样才能安全。

(2)演讲式,包括教学、讲座、经验介绍、现身说法、演讲比赛等。这种教育形式可以是系统教学,也可以是专题论证、讨论,用于丰富人们的安全知识,提高人们对安全生产的重视程度。

(3)会议讨论式,包括事故现场分析会、班前班后会、专题研讨会等,以集体讨论的形式使与会者在参与过程中进行自我教育。

(4)竞赛式,包括口头、笔头知识竞赛,安全、消防技能竞赛,以及其他各种安全教育活动评比等,以激发人们"学安全、懂安全、会安全"的积极性,促进职工在竞赛活动中树立安全第一的思想,丰富安全知识,掌握安全技能。

(5)声像式,即用声像等现代艺术手段,使安全教育寓教于乐,主要有安全宣传广播、电影、电视、录像等。

(6)文艺演出式,即以安全为题材编写和演出相声、小品、话剧等文艺作品的教育形式。

(7)学校正规教学,即利用国家或企业办的大学、高职、中职、技校,开办安全工程专业或穿插渗透于其他专业的安全课程。

任务 2　班组现场安全生产管理

  学习要求

1. 了解现场安全管理的内容。
2. 掌握作业过程安全管理。
3. 掌握作业环境安全管理。
4. 了解危险作业的安全管理。
5. 了解交叉作业的安全管理。

一、现场安全管理的内容

1. 加强对人的管理,控制违章违纪行为

伤亡事故一般是人的不安全行为和物的不安全状态所致。在人机系统中,人起着主导作用,物的不安全状态与操作者的操作紧密联系。人的行为受其生理、心理、环境和素质等因素的影响,易产生违章、违纪行为,导致因人的不安全行为和物的不安全状态而发生事故。因此,必须严格强化现场管理,控制违章、违纪,防止事故发生。

2. 加强对设备(工具)及作业环境的管理,控制物的不安全状态

物的不安全状态主要是以能量的形式对外泄放,作用于人体或被人体吸收,消耗人体能量,致使人体生理机能部分损伤或全部损伤。现场物的不安全状态一般有以下几种形式:

(1)安全设施、安全装置的缺陷。

(2)物体的放置或工作场所的缺陷。

(3)劳动防护用品的缺陷。

(4)生产设备(工具)没有处于完好的技术状态。

因此,必须加强对设备(工具)的管理,及时发现、消除上述物的不安全状态,以保证安全生产。

3. 行为管理

人的不安全行为是造成安全事故的直接原因之一，人的不安全行为就是不符合安全生产客观规律，有可能导致伤亡事故和财产损失的行为。人的不安全行为可以分为有意的不安全行为和无意的不安全行为两类。有意的不安全行为是指有目的、有意图、明知故犯的不安全行为，是故意的违章行为。无意的不安全行为是无意识的或非故意的不安全行为，是不存在不适当需要和目的的不安全行为。

人有自由意志，容易受环境的干扰和影响，生理、心理状态不稳定，其安全可靠性就比较差，往往会由于一些偶然因素而产生事先难以预料和防止的错误行为。人的不安全行为的概率是不可能为零的。

控制人的不安全行为，可采取如下对策：

(1) 对员工进行职业适应性检查。

(2) 合理选拔和调配人员。

(3) 制定安全操作规程，明确哪些是不安全行为，禁止员工以不安全行为操作。

(4) 制定安全操作标准，推行标准化作业。

(5) 做好安全生产的教育工作，使员工增强安全意识，提高遵章守纪的自觉性，提高安全操作技能水平。

(6) 实行确认制。

(7) 切实加强现场安全操作检查，及时发现、制止和纠正违章作业。

(8) 竞赛评比，奖优罚劣。

现场安全管理的行为管理，就是要求生产作业的现场管理人员和专（兼）职安全管理人员认真履行安全生产的职责，对生产岗位操作人员的操作行为进行检查，及时发现、制止、纠正违章行为，并予以批评教育，依章处罚。

4. 生产设备及安全设施管理

加强生产设备及安全设施管理，对消除或控制物的不安全状态十分重要。要使生产设备安全可靠地运行，使安全设施有效地运行，就必须认真做好生产设备及安全设施的管理、使用、维修等技术管理工作，使其处于完好的技术状态。设备管理工作主要由生产经营单位的设备管理部门负责。设备及安全设施的现场安全管理，就是要严格按照安全检查制度的规定进行日常安全检查，以及时发现生产设备、安全设施出现的故障和使用过程中遭受的破坏，及时予以修复，确保在用的生产设备、安全设施保持完好的技术状态。

二、作业过程安全管理

作业过程指以一定方式组织起来的人群，在一定的作业环境内，使用设备和各种工具，采用一定的方法把原材料和半成品加工、制造、组合成产品，并安全运输和妥善保存的过程。

大部分员工伤亡事故是在作业过程中发生的。因此，分析和认识作业过程中的不安全因素并采取对策加以消除和控制，对于实现安全生产至关重要。作业过程是以人为主体进行的，实现作业过程安全化主要着眼于消除人的不安全行为，为此而采取的对策和措施应该包括：合理安排劳动和休息时间，调节单调性作业，确定适当的工作节奏，实行标准化作业（图 4-2），实行确认制。

图 4-2　列车司机执行"手指、口呼"作业

1. 合理安排劳动和休息时间

（1）工作时间制度。我国实行法定 8 小时工作制。为了保证 8 小时工作制的实施，必须严格限制加班加点。企业由于生产需要，经与工会和劳动者协商之后可以延长工作时间，但一般每日加点不得超过 1 小时。因特殊原因需加点的，在保障劳动者身体健康的条件下，加点不得超过 3 小时，且每月累计加班加点不得超过 36 小时。禁止安排未成年工、怀孕 7 个月以上的女工、哺乳未满 1 周岁婴儿的女工加班加点。

有下列情形之一的，加班加点不受有关法规限制：发生自然灾害、事故或者因其他原因的，威胁劳动者生命健康和财产安全，需要紧急处理的；生产设备、交通运输线路、公共设施发生故障，影响生产和公众利益，必须及时抢修的；法律、行政法规规定的其他情形。

（2）工间休息。在工间适当安排一定的休息时间，能缓解疲劳，避免因疲劳引发事故。根据我国的实际情况，以每半天各安排一次 15～20 分钟工间休息为宜。

2. 调节单调性作业

单调的工作使人感到枯燥乏味，容易产生心理疲劳，使生理疲劳提前到来。单调重复的工作在熟练以后，可以大大减少对意识控制的要求，容易导致人在工作时精神涣散、漫不经心。如果所从事的是危险性较大的作业，就有可能发生事故。完全消除单调是困难的，但可以减轻其影响。改善单调的措施如下：

（1）充实操作内容。简单地重复一两个动作是枯燥的，而轮流进行五六个动作可大大提高工作的兴趣。按此原则，在进行动作设计时，应力求把一些简单的操作适当合并，使每个人都能从事多种多样的工作。

（2）建立中间目标。没有目标、没完没了的单调工作会使人感到十分疲劳和沮丧，而把工作分解成许多阶段，每个阶段都设置一个工作目标，就能改善这种状况。

（3）定期轮换工作，创造新鲜感。

（4）实行色彩和音乐的调节。

3. 确定适当的工作节奏

工作节奏过快会增加劳动的强度并使人感到紧张，导致疲劳加剧并诱发操作失误，造成事故；工作节奏过慢会使工人因等待而烦躁不安，注意力分散，反应速度降低，对安全也是不利的。确定适当的工作节奏应该兼顾提高工作效率和减轻人的劳动强度两方面的要求。

4. 实行标准化作业

在总结实践经验和进行科学分析的基础上,对作业方法加以优选优化,制定作业标准,按照作业标准进行作业就是标准化作业。

标准化作业的作业标准是安全生产规章制度的具体化。作业标准不但规定了不准干什么,更明确规定了具体的操作程序和方法,这些方法都是安全行为。实行标准化作业可以让工人的操作形成习惯,避免不安全行为和违章行为。

5. 实行确认制

(1)确认制的应用范围。凡是可能发生误操作,而误操作又可能造成严重后果的作业都应制定并实施可靠的确认制。例如,开动、关停机器和固定设备,驾驶车辆,危险作业、多人作业中的指挥联络,送、变电作业,检修后的开机,重要防护用品的使用及曾经发生过误操作事故的作业等。

(2)按作业程序制定确认制。

①作业准备的确认。作业人员在接班后应采用安全检查表对设备、作业环境状态进行检查,确认安全、正常后才允许开始操作。

②作业方法的确认。对照工艺规程或标准化作业的标准,确认采用的作业方式无误后才允许开始作业。

③设备运行的确认。设备开动后,应对设备的运行情况进行检查,确认正常后才允许继续运行。

④关闭设备的确认。按作业标准或操作规程的规定进行检查,确认符合规定后才允许关闭设备。

⑤多人作业的确认。如多人协同作业,则在开始作业前,按照工艺规程或作业方案的规定,对参加作业人员的作业位置、作业方法、指挥联络方式和作业中出现异常情况时的对策等进行确认,确认无误后才允许开始作业。

三、作业环境安全管理

作业环境即生产现场的空间和生产设施所构成的人机环境。在作业环境中,有各种机器、设备、原材料、半成品和产品等,机器设备产生的噪声和振动,泄漏的有害气体、蒸汽、粉尘和热量等。在这样的人机环境里,管理有缺陷或不符合安全规范和标准要求,都有可能给操作者带来危害。作业环境管理包括下列内容:

1. 作业空间的合理设计

作业空间的合理设计就是按照人的操作要求,对机器、设备、工具进行合理的空间布置,以及在机器、设备上合理地安排操纵器、指示器和零部件的位置。

作业空间设计的基本原则是按照为操作者创造舒适、安全的作业条件的要求,合理地设计、布置机器、设备和工具。

2. 作业场所的清理、整顿

作业场所的清理、整顿是保证作业场所清洁、整齐,实现文明生产,保证作业高效安全的重要条件。

清理即把需要的和不需要的物品区分开,并且清除不需要的物品。对生产过程中产生的垃圾和边角料应及时清除,除了为参加生产因条件所限不得不带进作业场所的少量生活、学习用品外，其他的个人用品都不允许带进生产作业场所。

整顿就是把需要的东西以适当的方式放在该放的地方，以便于使用。

(1)化学危险物品(包括易燃、易爆物品，压缩气体，有毒物品等)要按有关安全法规规定存放、保管。

(2)安全通道上在任何时候都不能放置物品。

(3)对安全通道和堆放物品的场所要画出明显的界线或架设围栏，堆放物品的场所应悬挂标牌，写明放置物品的名称和要求。

图 4-3 为一线人员"体验"有害气体。

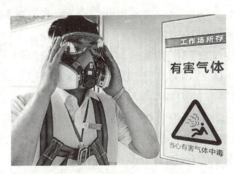

图 4-3　一线人员"体验"有害气体

3. 合适的照明、通风、温度、湿度

(1)合适照明的目的在于创造一个良好的光环境。良好的照明能提高人的视觉灵敏度，使人容易看清物体，减缓视觉疲劳。明亮、整洁的作业环境还可以使人在工作时心情舒畅，精力集中，情绪高昂。所有这些都有助于减少事故的发生。

良好的光环境主要体现在两个方面，即适当的照度和良好的光的质量。

①照度要求。照度反映了光的量的要求。照度过大或过小都会加速人的视觉疲劳。照度不足往往可能成为安全事故的诱因。适当的照度应使人既能清楚地看见外界情况，又不容易产生视觉疲劳。

②光的质量要求。光的质量要求主要是均匀、稳定，光色效果得当，有适当的亮度对比和亮度分配，不产生眩光。均匀主要是指照度均匀和在视野内的亮度均匀，稳定则指光源不产生频闪，照度应保持标准值，不产生波动。光色效果得当是指照明的光色与设备的色彩一致，照明光源的显色性应该保证设备和物品在受到照射时显示本色而不失真。物体与背景的亮度对比(或颜色对比)对视觉灵敏度的影响很大，对比越大，辨别物体越清楚，反之越困难。好的光照应该保证有适当的对比度。良好的照明还应有适当的亮度分配。一方面应保证操作面和周围环境的亮度大致相等或使周围环境的亮度稍低一些，另一方面应保证物体不产生对比度过强的阴影。眩光即刺眼和耀眼的强烈光线。眩光产生的原因是物体表面过于光亮、亮度对比过大或直接强光照射。眩光可使人视力下降，造成不适的视觉条件，容易引发事故。

作业环境采光照明的具体要求和实际应用可参照《建筑采光设计标准》(GB 50033—2013)和《建筑照明设计标准》(GB 50034—2013)。

(2)合适的温度、湿度和通风的目的在于创造一个良好的热环境。温度、湿度和通风情况相互联系、相互影响,构成了作业场所的热环境。其中,环境温度即环境中的空气温度,起主导作用。人体主观感觉到的温度不仅与环境温度有关,还受到环境湿度和通风情况的影响。在环境温度、湿度和气流速度的综合作用下,人的主观感受温度称为有效温度。人感觉舒适的有效温度范围为20~28摄氏度,人在这个温度范围内心情愉快、精力集中,不易疲劳,能安全而高效地工作。

改善高温环境的措施如下:

①减少热源的热作用。首先应考虑改革工艺,实现机械化、自动化,消除或减轻体力劳动,以减少工人与热源的接触,这是本质的安全措施。其次应疏散热源,将热源移至室外,将加工完的灼热工件尽快运出车间。最后是隔离热源,隔断热源的热辐射是有效的降温措施。

②通风散热。采用自然通风和机械通风,安装空调设备。

③局部降温冷却。安装风扇或喷雾风扇,以及用冰块降温等。

有关改善高温环境的具体要求可参照《工业企业设计卫生标准》(GBZ 1—2010)。

4. 安全信号装置、安全标志的完善

安全信号装置和安全标志是警告装置,它在不能消除、控制危险的情况下,提醒人们避开危险的装置(图4-4)。虽然这是一种消极被动的、防御性的措施,但对于防止伤亡事故、实现安全生产仍然具有十分重要的作用。

图4-4 手摇道岔作业中设置的安全信号装置——红闪灯

安全信号装置分声、光信号装置(如警铃、信号灯等)和各种显示设备(显示运行参数的仪器、仪表,如温度计、压力计、液位计等)。

安全标志即用简明醒目的颜色(安全色)、几何图形符号并辅以必要的文字说明,以提醒、警告人们防止危险、注意安全。

企业应视生产的实际情况及按国家安全法规的要求设置安全信号装置和安全标志。

作业环境的现场安全管理就是要在具备国家安全生产法规要求的作业环境条件后,通过编制安全检查表,按安全检查制度的规定,进行严格的检查、检测,以及时发现不符合国家安全生产法规和本单位安全管理规章制度要求的隐患并及时整改,使作业环境持续保持符合安全生产要求的状态。

四、危险作业的现场管理

1. 危险作业的概念

危险作业即容易造成严重伤害事故和财产损失的作业,主要是指临时性作业、非生产性作业和劳动条件恶劣的作业,如清扫作业场所、立体交叉作业、易燃易爆场所动火、重大设备的拆迁、吊运、安装、带电作业等。

2. 危险作业的基本特点

危险作业的基本特点是临时性、不固定性和危险性,具体表现在以下方面:

(1)作业时间、地点不固定。

(2)临时组织作业人员,彼此不熟悉,难以配合默契。

(3)作业程序不固定、不熟悉,甚至是完全生疏的。

(4)使用的设备、工具不固定,甚至不适合,缺乏安全保障。

(5)一般都比较复杂、困难,技术要求高,危险性大。

危险作业的这些特点决定了它比固定地点的重复性作业有更多的潜在危险,如不认真对待,极容易发生事故,且后果往往比较严重。

3. 危险作业的确定

为对危险作业实行安全控制,生产经营单位应根据危险作业的特点,结合本单位的具体情况划分危险作业的范围,确定本单位常见的危险作业。

由于危险作业的时间、地点、条件、规模等变化差异较大,要想预先规定所有危险作业的危险等级是困难的,但应该就本单位开展得较多、规模、条件相对较为固定的危险作业做出危险性评价。

危险作业的等级一般可定为两级,分别由厂级和车间级进行控制。危险作业等级的评定可按照危险性评价的方法并结合实践经验进行。

4. 危险作业的控制管理

(1)提出申请。需要进行危险作业的部门应向上级提出申请,说明要求作业的理由及作业时间、地点和内容。由厂级控制的危险作业由厂主管领导审批,由车间级控制的危险作业由车间领导审批。

(2)危险辨识和危险评价。负责审批的领导应组织有关部门的有关人员和专职安全管理人员,对作业的全过程进行危险辨识和危险评价。

(3)制定控制危险的措施。针对危险辨识找出的不安全因素,制定相应的消除、控制措施。

(4)审批。如落实上述措施后可确保消除、控制这些不安全因素,则可批准作业。

(5)下达作业任务。下达、布置进行危险作业的任务时,应同时布置须采取的消除、控制不安全因素的措施,并明确批准作业的时间、地点、参加的人员、作业的分工及指定作业的负责人。

(6)作业前的准备。由作业负责人和作业单位安全管理人员负责对参加作业的全部人员进行培训,使他们熟悉作业安全措施及要求,掌握作业的操作技能,经考试合格后才能进行作业。作业前必须经过检查,确认已落实了应采取的消除、控制不安全因素的各项措施后方可进行作业。

(7)监督检查。审批单位应派出安全管理人员到作业现场进行监督检查。监督检查应使用安全检查表进行。一旦发现有违反安全措施的情况,应立即制止、纠正甚至停止作业。

危险作业的现场安全管理的重点是确保第(6)点和第(7)点的落实。

五、交叉作业的现场安全管理

1. 交叉作业的定义

交叉作业是指两个以上的生产经营单位(或部门)在同一区域内进行生产经营活动,可能危及对方安全生产的施工作业行为。

2. 交叉作业的现场安全管理

(1)交叉作业的作业单位应在作业前派出本单位的安全管理人员共同研究,进行危险辨识,找出交叉作业全过程存在的各方可能危及他方安全的因素,制定消除这些因素的措施,签订安全生产管理协议,以明确各方的安全生产管理职责和应采取的安全措施,并指定专人进行安全检查与协调。

(2)交叉作业的单位必须制定交叉作业的安全管理办法,对于危险性大、影响人身安全的交叉作业,必须制定专项安全方案;开展交叉作业的安全技术交底,确保作业人员清楚作业场所和岗位存在的危险因素,了解作业规程和作业标准,掌握异常情况的应急措施。必须严格按照技术方案、安全技术规程进行施工作业,加强安全检查,落实各项安全防护措施,切实保护人员安全和设备安全。

①在城市轨道交通运营正线、辅助线路、车场、车站、主变电所、控制中心进行交叉作业,必须严格按照城市轨道交通企业制定的有关行车设备维修施工管理等的规定,落实施工安全防护措施。

②在运营正线、辅助线路、车场等进行列车、工程车调试、试验的交叉作业,必须严格按照城市轨道交通企业有关行车设备维修施工管理等的规定,落实调试、试验安全防护措施。

③在城市轨道交通建设期间,轨行区轨道车的运行是重点的交叉作业,必须严格按照城市轨道交通企业制定的有关轨道交通建设工程车运输管理等的规定,落实工程车运行、施工的安全防护措施。

3. 交叉作业的安全检查与监察

(1)交叉作业的安全检查必须坚持作业前安全检查、作业中安全监护、作业后安全清理。主要内容包括作业前的安全培训、作业规程与标准、作业安全要点与异常情况的对策、设备工具的完好、监护人员的配备、安全标志的使用、作业中的指挥联络方式、作业场所的清理整顿等。对检查发现的问题和隐患必须立即进行整改,落实防护措施之后方能作业。

(2)交叉作业的安全检查必须坚持作业人员自我检查、负责人检查、安全管理人员检查,对检查发现的问题和隐患必须立即进行整改,落实防护措施之后方能作业。

(3)交叉作业的主体单位(部门)负有检查其他作业单位(部门)安全情况的责任,其他作业单位(部门)必须积极支持、配合主体单位(部门)的安全检查,落实每次交叉作业的安全检查。施工监理单位负有检查作业单位(部门)交叉作业安全情况的责任,对于危险性大、影响人身安全的交叉作业,监理人员必须实行旁站监理。城市轨道交通企业对本单位管辖内的交叉作业,必须定期或不定期地进行安全检查或抽查;安全监管监察部应定期或不定期地进行安全监察。

拓展阅读

城市轨道交通员工通用安全守则

"五注意":

注意警示标志,谨防意外。

注意扶梯运作,谨防夹伤。

注意地面积水、积油,谨防滑倒。

注意高空坠物,谨防砸伤。

注意设备异常现象,及时发现、及时排除,谨防发生事故。

"六必须":

必须坚守岗位,遵章守纪。

必须按规定正确使用劳保用品。

跨越线路必须"一站、二看、三通过"。

施工前做好防护,施工后必须清理现场,出清线路。

堆放物品必须整齐稳固。

发现违章操作,必须坚决加以制止。

"七不准":

不准在线路附近舞动绿、黄、红色物品。

不准在站台边缘与安全线之间坐卧、行走、堆放物品。

不准发出违章指令。

不准在行车场所追逐打闹、打架斗殴。

不准使用有安全隐患的工具、设备。

不准臆测行车。

不准当班饮酒、看书籍杂志、聊天和打盹。

"八严禁":

严禁擅自跳下站台和进入隧道。

严禁携带易燃、易爆、剧毒等危险品进站上车。

严禁上下行驶的车辆。

严禁擅自进入行车部位和主要设备场所。

严禁擅自触动任何设备、设施。

严禁攀登机车、车辆和车载货物顶部。

严禁擅自移动、改换防护装置、警示标志。

顺着线路走时,严禁走道心、枕木头、轨面和道岔尖轨。

任务3 安全事故(事件)处置调查

学习要求

1. 了解事故分级处理原则。
2. 掌握事故报告流程。
3. 掌握事故应急救援程序。
4. 了解事故调查报告内容。
5. 了解事故处理方法。

一、事故的分级处理原则

根据事故发生单位的隶属关系和事故的等级分类,按照分级管理原则予以处理。

(1)凡发生下列重特大安全生产事故的,由城市轨道交通安全管理部门或者配合上级有关部门调查处理:

①轨道交通发生重大事故、大事故、火灾、爆炸、毒害等事故;

②造成2人(含)以上死亡的重特大交通事故。

(2)凡发生下列安全生产事故的,由城市轨道交通安全管理部门具体负责调查处理:

①发生行车的险性事故、涉及两个单位以上的一般事故。

②火灾、爆炸、毒害事故,造成人员伤亡的;直接财产损失达到一定数额的。

③发生因工死亡事故。

④发生重大以上道路交通事故。

⑤设施设备重大事故、大事故或涉及两个单位以上的一般事故。

⑥在短时间内连续发生多起安全事故。

⑦因人员违规操作或行车设备故障造成严重晚点15分钟或30分钟以上的事件;

⑧城市轨道交通安全管理部门安全生产委员会认为要调查处理的事故。

(3)凡发生下列安全生产事故的,由各直属单位具体负责调查处理:

①发生行车的一般事故;

②因人员违规操作或行车设备故障造成晚点10分钟以上事件;

③发生因工轻伤、重伤事故;

④发生设施设备一般事故、故障和障碍;

⑤客伤事故。

二、事故报告

1. 事故(事件)汇报的原则

(1)迅速、准确、真实的原则。

(2)逐级报告的原则。

(3)内部、上级领导及协作单位并举的原则。

(4)行车控制中心是城市轨道交通运营单位的信息收发中心和通信联络中心,负责对信息的收集、整理、分析和处理。

2. 重要应急信息报告时间要求

特别重大事故、重大事故、较大事故、一般事故以及重大治安情况、火灾事故等重要的应急信息,事故现场有关人员应当立即向本单位负责人及相关安全管理部门报告,城市轨道交通运营单位应当于1小时内向事故发生地人民政府安全生产监督管理部门和负有安全生产监督管理职责的有关部门报告。

安全生产监督管理部门和负有安全生产监督管理职责的有关部门接到事故报告后,应当依照下列规定上报事故情况,并通知公安机关、劳动保障行政部门、工会和人民检察院。

(1)特别重大事故、重大事故逐级上报至国务院安全生产监督管理部门和负有安全生产监督管理职责的有关部门。

(2)较大事故逐级上报至省、自治区、直辖市人民政府安全生产监督管理部门和负有安全生产监督管理职责的有关部门。

(3)一般事故上报至设区的市级人民政府安全生产监督管理部门和负有安全生产监督管理职责的有关部门。

安全生产监督管理部门和负有安全生产监督管理职责的有关部门依照前款规定上报事故情况,应当同时报告本级人民政府。国务院安全生产监督管理部门和负有安全生产监督管理职责的有关部门以及省级人民政府接到发生特别重大事故、重大事故的报告后,应当立即报告国务院。必要时,安全生产监督管理部门和负有安全生产监督管理职责的有关部门可以越级上报事故情况。

安全生产监督管理部门和负有安全生产监督管理职责的有关部门逐级上报事故情况,每级上报的时间不得超过2小时。

3. 事故报告的内容

(1)事故发生单位概况。

(2)事故发生的时间、地点以及事故现场情况。

(3)事故的简要经过。

(4)事故已经造成或者可能造成的伤亡人数(包括下落不明的人数)和初步估计的直接经济损失。

(5)已经采取的措施。

(6)其他应当报告的情况。

三、事故的应急救援及现场保护

要开展事故救援演练(图4-5)。事故发生时,单位负责人接到事故报告后,应当立即启动事故相应的应急预案,或者采取有效措施,组织抢救,防止事故扩大,减少人员伤亡和财产损失。事故发生地有关地方人民政府、安全生产监督管理部门和负有安全生产监督管理职责的有关部门接到事故报告后,其负责人应当立即赶赴事故现场,组织事故救援。

事故发生后,有关单位和人员应当妥善保护事故现场以及相关证据,任何单位和个人不

图 4-5　地铁防汛事故演练

得破坏事故现场、毁灭相关证据。因抢救人员、防止事故扩大以及疏通交通等原因,需要移动事故现场物件的,应当做好标记,绘制现场简图并做出书面记录,要妥善保存现场重要痕迹、物证。城市轨道交通运营单位安全管理机构应立即组织调查小组,重点做好以下工作:

(1)保护、勘查现场,详细检查车辆、线路及其他设备,做好调查记录。绘制现场示意图、摄影录像,如技术设备破损故障时,应保存其实物。

(2)若事发地点的线路破坏严重,无法检查线路质量,则应对地点前后不少于 50 米的线路进行测量,以作为衡量事故(事件)地点线路质量的参考依据。

(3)对事故(事件)关系人员分别调查,由本人写出书面材料。

(4)检查有关技术文件的编制、填写情况,必要时将抄件附在调查记录内。

(5)提高警惕,注意是否有人为破坏的迹象。

(6)必要时召开调查会。

(7)根据调查结果,初步判定原因及责任,及时向上级部门汇报。

四、事故调查

处理事故(事件)要以事实为依据,以规章为准绳,按照"四不放过"原则(事故原因没有查清不放过,事故责任者没有严肃处理不放过,防范措施没有落实不放过,广大员工没有受到教育不放过)处理事故,认真调查分析,查明原因,分清责任,吸取教训,制定对策,防止同类事故(事件)再次发生。

1. 事故调查的组织

特别重大事故由国务院或者国务院授权有关部门组织事故调查组进行调查。

重大事故、较大事故、一般事故分别由事故发生地省级人民政府、设区的市级人民政府、县级人民政府负责调查。省级人民政府、设区的市级人民政府、县级人民政府可以直接组织事故调查组进行调查,也可以授权或者委托有关部门组织事故调查组进行调查。

未造成人员伤亡的一般事故,县级人民政府也可以委托事故发生单位组织事故调查组进行调查。

发生一般事故及以上事故的,可由城市轨道交通运营单位安全管理机构负责组织调查处理;若由上级部门组织调查处理的,由城市轨道交通运营单位安全管理机构负责组织相关配合工作。

险性事件由城市轨道交通运营单位安全管理部门负责组织调查处理；若由上级部门组织调查处理的，由安全管理部门负责组织相关配合工作；若险性事件只涉及一个部门时，安全管理部门可以授权事件部门调查处理，安全管理部门负责监督。

一般事件、事件苗头由事故（事件）发生部门负责调查处理，并将处理情况报城市轨道交通运营单位安全管理部门备案。

2. 事故调查组的组成

事故调查组的组成应当遵循精简、效能的原则。根据事故的具体情况，事故调查组由有关人民政府、安全生产监督管理部门、负有安全生产监督管理职责的有关部门、监察机关、公安机关以及工会派人组成，并应当邀请人民检察院派人参加。

事故调查组可以聘请有关专家参与调查。事故调查组成员应当具有事故调查所需要的知识和专长，并与所调查的事故没有直接利害关系。

事故调查组组长由负责事故调查的人民政府指定。事故调查组组长主持事故调查组的工作。

3. 事故调查组的职责

(1) 查明事故发生的经过、原因、人员伤亡情况及直接经济损失。

(2) 认定事故的性质和事故责任。

(3) 提出对事故责任者的处理建议。

(4) 总结事故教训，提出防范和整改措施。

(5) 提交事故调查报告。

五、事故调查报告

事故调查组应当自事故发生之日起 60 日内提交事故调查报告；特殊情况下，经负责事故调查的人民政府批准，提交事故调查报告的期限可以适当延长，但延长的期限最长不超过 60 日。

事故调查报告应当包括下列内容：

(1) 事故发生单位概况。

(2) 事故发生经过和事故救援情况。

(3) 事故造成的人员伤亡和直接经济损失。

(4) 事故发生的原因和事故性质。

(5) 事故责任的认定以及对事故责任者的处理建议。

(6) 事故防范和整改措施。

事故调查报告应当附具有关证据材料。事故调查组成员应当在事故调查报告上签名。事故调查报告报送负责事故调查的人民政府后，事故调查工作即告结束。事故调查的有关资料应当归档保存。

六、事故处理

对事故责任者，应根据事故性质和情节，予以批评教育、经济处罚、行政处分直至追究法律责任。事故性质、情节严重的，要按有关规定逐级追究领导责任。

重大事故、较大事故、一般事故，负责事故调查的人民政府应当自收到事故调查报告之日起 15 日内做出批复;特别重大事故,30 日内做出批复,特殊情况下,批复时间可以适当延长,但延长的时间最长不超过 30 日。

有关机关应当按照人民政府的批复,依照法律、行政法规规定的权限和程序,对事故发生单位和有关人员进行行政处罚,对负有事故责任的国家工作人员进行处分。

事故发生单位应当按照负责事故调查的人民政府的批复,对本单位负有事故责任的人员进行处理。负有事故责任的人员涉嫌犯罪的,依法追究刑事责任。

事故发生单位应当认真吸取事故教训,落实防范和整改措施,防止事故再次发生,尤其是影响较大的事故,比如地铁常见的客伤事故(图 4-6)。防范和整改措施的落实情况应当接受工会和职工的监督。安全生产监督管理部门和负有安全生产监督管理职责的有关部门应当对事故发生单位落实防范和整改措施的情况进行监督检查。

事故处理的情况由负责事故调查的人民政府或者其授权的有关部门、机构向社会公布,依法应当保密的除外。

图 4-6　地铁客伤急救处理

拓展阅读

各类城市轨道交通事故的处理要点

一、行车事故的处理

城市轨道交通发生各类行车事故时,有关工作人员应采取措施,积极抢救,减少损失,尽快恢复运行。为分清责任、吸取教训、防止同类事故的发生,要认真调查取证,必要时进行现场勘测、试验,科学分析,找出事故发生的原因,对事故责任者,应根据事故性质和情节分别予以严肃的批评教育、经济处罚,直至纪律处分、法律制裁。对事故性质情节严重的要逐级追究领导责任。

二、设备事故的处理

设备事故的种类很多,不同的设备有不同的事故处理规则和办法,如上海地铁一号线就有《供电事故处理规则》《机电事故处理规则》《信号事故处理规则》等,但一般而言,由于设备事故会导致行车事故同时发生,因而处理上则以行车事故处理规则来办理,而单独的设备事故处理的方法很多,这里就不再详细说明了。

三、客伤事故的处理

客伤事故的处理是一件非常复杂多变的事情。城市轨道交通运营中发生人员伤亡事故,应当按照先抢救受伤者,及时排除故障,恢复正常运行,后处理事故的原则处理,并按照国家有关规定及时向有关部门报告;城市轨道交通主管部门、城市轨道交通运营单位应当配合公安部门及时对现场进行勘察、检验,依法进行现场处理。而现场处理则应做到尽快恢复列车运行,抢救伤员,争取减少损失,防止事态扩大。一般来说,客伤事故的处理也有相应的报告程序、报告内容、现场抢救、现场指挥等内容。

总的来说,事故的处理都是很重要的工作,为加强安全管理,保障地铁运营和维护乘客的合法权益,国家建设部于 2005 年 6 月 28 日通过并颁布了《城市轨道交通运营管理办法》,并于 2005 年 8 月 1 日起正式施行。这是国家颁布并实施的第一部城市轨道交通运营管理的法规,这为城市轨道交通运营安全提供了法律保障。

任务 4　班组公共危机处理

1. 了解公共危机的概念。
2. 了解公共危机管理的模式。
3. 掌握公共危机处理机制。

一、公共危机的内涵

1. 公共危机的含义

公共危机是一种突然发生的紧急事件或者非常态的社会情境,是指因不可抗力或突然发生的重大自然灾害事件、公共卫生事件、事故灾难事件和社会安全事件等引发的,给社会正常的生产与生活秩序以及人们的生命财产安全带来严重威胁的紧急事件或者紧急状态。

公共危机通常都有三个共同要素:一是未曾意料而仓促爆发所造成的一种意外或非常态的社会情境;二是具有严重的社会危害与社会影响;三是在情况急剧转变之前,可供反应的时间有限。

2. 突发事件与公共危机的关系

突发事件是公共危机产生的原因,随着时间的推移,公共危机事件经由突发、扩散发展到爆发,公共危机的程度也不断提高。

3. 公共危机的特征

(1)突发性和紧急性;
(2)高度不确定性;

(3)影响的社会性；
(4)决策的非程序化。

二、公共危机管理模式与内涵

1. 公共危机管理的内涵

公共危机管理是指采取各种措施,控制和限制冲突行为的发展;通过监测、预警、预控、预防、应急处理、评估、恢复等措施,防止可能的危机。公共危机管理的功能是防范、化解危机。

公共危机管理的主要工作是研究问题、发现问题、解决问题,需要政府、非政府组织、企业和公民一起共同应对(图 4-7)。其目的是恢复社会秩序,保障人们的正常生产和生活秩序。

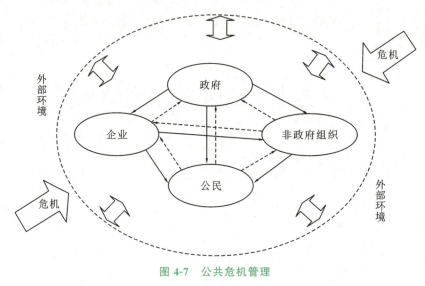

图 4-7　公共危机管理

2. 公共危机管理的特征

(1)以保持社会秩序、保障社会安全、维护社会稳定、提供公共产品为目标。

(2)公共危机的可预防性。公共危机的可预防性表明除了理念以外,关键在管理的体制机制,有一个综合管理的体制,有一个运转高效的机制,就能够做好危机事件的预防工作。

(3)公共危机管理要受公众的监督和约束,活动公开化,接受纳税人的监督。

3. 公共危机管理模式

(1)监测、预警阶段:政府要有专门的管理部门来对危机事件的前兆进行监测。

(2)预控、预防阶段:"凡事预则立,不预则废。"编制各类危机事件的应急预案,开发各类危机事件发生后的辅助决策系统。

(3)应急处理阶段:政府根据事先制定的预案,采取紧急行动。应急处理阶段还涉及应急指挥体系的协调与效率,信息、通信系统的快捷,交通系统的畅通等问题。例如美国有一个联邦应急管理署,集成了从中央到地方的救灾体系,建立了一个军、警、消防、医疗、民间救灾组织一体化的指挥调度体系,"9·11"事件发生后,迅速调动一切资源,在第一时间进行救护工作。

(4)评估、恢复阶段:进行评估,决定重建成本。

4. 公共危机管理原则与理念

(1)遵守"生命第一"的原则,树立"以人为本"的理念。

抢救生命与保障人们基本生存条件,是处理危机、开展救援的首要任务,要最大限度地保护、挽救大多数人的生命安全。

(2)遵守"第一时间"的原则,树立"效率优先"的理念。

危机事件一旦发生,时间因素显得尤为关键,政府必须立即在事发现场采取一系列紧急处理措施,如果能够做到及时、准确,群众心理就能够得以初步安定,社会秩序也得以初步维护,为争取整个危机事件处理工作的顺利进行奠定了基础。要做到这一点需要畅通的信息渠道和清醒的危机意识。这时候,必须采取高压强势政策,抓住主要矛盾,集中优势兵力,首先将事态中的关键因素迅速控制住,否则可能势如决堤,一溃千里,要重视精干高效的原则。

(3)遵守"以防为主"的原则,坚持"平战结合"的理念。

把危机的监测、预警、预控、预防作为公共危机管理的中心环节,坚持"以防为主"的原则,将可能发生的危机事件控制在萌芽状态。如重大疫情发生时,只有遵守"以防为主"的原则,坚持"平战结合"才能保障好人民的生命健康(图4-8)。

图4-8 地铁车站依法实施疫情防控

"以防为主"意味着两层含义:一是,通过预测、预警、预控来防止危机事件的发生;二是,采取预防措施,将无法防止的危机事件造成的损失减轻到最低程度。只要我们能够注意从源头上消灭引发这类危机的根源,合理疏导、解决社会生活中出现的种种问题,增强危机意识,强化安全管理责任机制,就能最大限度地减少各种危机事件的发生。平日危机的预防管理与危机爆发时的管理相结合,实现平时危机管理与爆发时危机管理在组织体制、工程建设、应急准备、指挥程序等方面的有机统一。"平战结合"首先是一种理念,是公共危机管理工作的一个基本出发点,它要求人们在考虑平时的公共危机管理工作时,要未雨绸缪,同时考虑到危机爆发时的管理工作;在设计公共危机管理工作时,也要兼顾平时危机管理的需要。如设置爆发时的动员机构,以适应平战转换的需要。

平战结合还要体现在应急指挥体制、队伍、装备与反应能力上,通过平时的危机管理来锻炼提高战时的组织指挥能力、快速反应能力、应急处置能力(图4-9)。

图 4-9　地铁实施消杀

(4) 遵守"及时沟通"的原则,树立"协调一致"的理念。

畅通的沟通渠道、高明的公关政策对于维护组织形象、阻止危机的扩散、减少危机的损失具有十分重要的作用。与公众沟通的关键在于,及时把公众须知、欲知、应知的全部信息通过最容易使公众接受的方式发布出去,在公众中树立诚实守信、敢于负责也能负责的形象。

危机管理中的协同运作特别重要,不同职能管理部门之间要实现协同运作,优化整合各种社会资源,发挥整体功效。

(5) 遵守"树立权威,分级管理"的原则。

分级管理有两层含义:一是,危机本身的分级管理;二是,按照行政管理等级,有中央和地方政府不同层次的管理。

(6) 遵守"决策果断"的原则,树立"科学有序"的理念。

危机决策属于非程序性决策,必须抓住主要矛盾,以公众为中心,以公众的切身利益为中心,以公众关注的优先级为中心,来分清轻重缓急和先后顺序。

(7) 遵守"安全、适度"的原则。

(8) 遵守"合法、守法"的原则。

基于此,许多国家针对紧急状态都加强立法,提高依法办事的质量,有的国家制定了对付各种公共紧急状态的统一的紧急状态法进行危机管理。

三、公共危机的控制处理机制

1. 公共危机的控制处理过程

(1) 危机的识别与判断。

> **拓展阅读**
>
> ### 新加坡对 SARS 危机的识别
>
> 从新加坡卫生部门追踪到第一名疑似 SARS 患者到其将这次公共卫生事件提升到危机的高度来管理,只有 4 天的时间。新加坡对 SARS 危机的识别管理包括以下几项措施:

> （1）紧密监测与第一名疑似患者相接触的人群，掌握病情传播的情况。
> （2）及时向公众宣布新加坡的疫情状况，第一时间保障公民的知情权。
> （3）积极、主动开展国际合作，始终保持与世界卫生组织的信息沟通，还与香港卫生署合作，密切观察疫情在香港和河内的情况。
> （4）高层领导人及时将疫情的发展情况纳入关注范围，并公开向公众表明政府态度。成立委员会，分别针对医疗设施、住宅区、海陆空交通和公共教育等不同领域的情况做了部署，探讨预防和应变措施，并负责制定应急措施，督促检查各项措施的落实。
> （5）新加坡卫生部门不仅关注流入本国的病源，也关注可能输出的病毒，这样严密的措施是对新加坡的国际形象负责，也是对国际社会的公共卫生安全负责。

（2）危机的隔离与控制。

①要求危机管理组织必须发挥启动危机管理机构"防火墙"的作用，控制危机事态的蔓延。

②公共危机隔离的分析与评估：一般来说，危机评估可以三个标准来衡量——事情的严重性、紧迫性、未来发展趋势。

③公共危机隔离的基本原则：就短期目标而言，各类危机事件应对的最主要的目标体现为减少人员伤亡和财产损失，必须牢固树立"生命第一"的原则，始终把危机事件对人的影响放在优先次序选择的首位加以考虑。

④公共危机隔离的管理机构：组织立即启动危机应急计划，做到有的放矢、分工明确，让那些有关的人员迅速控制事件，让其他人继续组织正常运转工作。速度决定主要领导人的介入程度，确保危机应对的权威性、强制性。

2. 公共危机控制处理的策略与方法

（1）公共危机控制处理的策略：危机中止策略、危机隔离策略、危机消除策略、危机利用策略。

（2）公共危机控制处理的方法：

①尽快确认危机；

②冷静决策，沉着面对现实，迅速组织人员查清危机的真正缘由，准确弄清楚危机的性质、发展趋势及影响后果，找到危机解决的有效方法，果断做出决定；

③迅速做出反应；

④高度关注信息控制；

⑤高度明确危机管理团队的职责与分工；

⑥有重点地采取行动；

⑦积极利用外部专家和社会中介组织力量。

> **拓展阅读**

公共危机后的精神心理救助机制

一、构建危机后精神心理救助机制的重要性

伤害不仅仅发生在身体或物质层面,人们的心理和精神所受的伤害可能比建筑物和人们身体所受损害更为严重。灾后心理危机不但危害程度大,而且波及的范围广、持续时间长。面对影响如此严重的灾后心理危机,我们不能视而不见,任其发展,而是需要进行灾后心理危机干预,关注灾后心理危机。

二、构建危机后精神心理救助机制的措施

(1)加强灾难心理卫生研究工作。这是进行灾后心理危机干预的前提和基础,灾后心理危机干预是一项复杂的、操作性强的工作,只有在科学的理论指导下才能顺利进行。

(2)尽力健全灾后精神卫生的救援制度,通过立法途径将心理援助纳入政府救灾计划。灾后心理卫生救助工作如果缺乏制度上的保障,是很难得到很好的贯彻执行的。因此,建立健全灾后精神卫生救援制度是必不可少的步骤。

(3)充分发挥新闻媒体在危机管理中的心理引导作用。稳定民心,保持社会秩序的良好运转,是危机管理所追求的最佳效果。其关键是媒体满足公众对突发事件的知情权,不仅向公众提供有关突发性事件的信息,还要尽量给公众提供一个政策参与、心理救助的机会,让公众感觉到自己是国家的主人。

> **拓展阅读**

《国务院办公厅关于保障城市轨道交通安全运行的意见》(摘录)

一、总体要求

(一)指导思想。

全面贯彻党的十九大精神,坚持以习近平新时代中国特色社会主义思想为指导,认真落实党中央、国务院决策部署,牢固树立和贯彻落实新发展理念,以切实保障城市轨道交通安全运行为目标,完善体制机制,健全法规标准,创新管理制度,强化技术支撑,夯实安全基础,提升服务品质,增强安全防范治理能力,为广大人民群众提供安全、可靠、便捷、舒适、经济的出行服务。

(二)基本原则。

以人为本,安全第一。坚持以人民为中心的发展思想,把人民生命财产安全放在首位,不断提高城市轨道交通安全水平和服务品质。

统筹协调,改革创新。加强城市轨道交通规划、建设、运营协调衔接,加快技术创新应用,构建运营管理和公共安全防范技术体系,提升风险管控能力。

预防为先,防处并举。构建风险分级管控和隐患排查治理双重预防制度,加强应急演练和救援力量建设,完善应急预案体系,提升应急处置能力。

属地管理，综合治理。城市人民政府对辖区内城市轨道交通安全运行负总责，充分发挥自主权和创造性，结合本地实际构建多方参与的综合治理体系。

二、构建综合治理体系

（三）健全管理体制机制。

交通运输部负责指导城市轨道交通运营，拟订运营管理政策法规和标准规范并监督实施，承担运营安全监管职责，负责运营突发事件应对工作的指导协调和监督管理；指导地方交通运输部门监督指导城市轨道交通运营单位（以下简称运营单位）做好反恐防范、安检、治安防范和消防安全管理相关工作，根据应急预案调动行业装备物资为突发事件应对提供交通运输保障。公安部负责会同交通运输部等部门拟订城市轨道交通反恐防暴、内部治安保卫、消防安全等政策法规及标准规范并监督实施；指导地方公安机关做好城市轨道交通区域的巡逻查控工作，依法查处有关违法违规行为，加强对危及城市轨道交通安全的涉恐等情报信息的搜集、分析、研判和通报、预警工作，监督指导运营单位做好进站安检、治安防范、消防安全管理和突发事件处置工作。国家发展改革委、住房城乡建设部、安全监管总局等有关部门，按照职责分工履行有关安全工作职责。

省级人民政府指导本辖区城市轨道交通安全运行，负责辖区内运营突发事件应对工作的指导协调和监督管理。城市人民政府按照属地管理原则，对辖区内城市轨道交通安全运行负总责，建立衔接高效、运行顺畅的管理体制和运行机制，统筹协调相关方面共同做好安全运行管理工作。对跨城市运营的城市轨道交通线路，有关城市人民政府应建立跨区域运营突发事件应急合作机制。运营单位承担安全生产主体责任，落实反恐防暴、内部治安保卫、消防安全等有关法规规定的责任和措施。

（四）完善法规标准体系。

加强城市轨道交通立法工作，根据实际需要及时制修订城市轨道交通法规规章。强化技术标准规范对安全和服务的保障和引领作用，以保障建设质量和安全运行为重点，进一步修订完善城市轨道交通工程建设标准体系；以运营安全和服务质量为重点，建立健全城市轨道交通运营标准体系；以防范处置和设备配置为重点，建立健全城市轨道交通反恐防暴、内部治安保卫、消防安全等标准体系。

三、有序统筹规划建设运营

（五）科学编制规划。

城市轨道交通发展要与城市经济社会发展阶段、发展水平、发展方向相匹配、相协调。城市轨道交通线网规划要科学确定线网布局、规模和用地控制要求，与综合交通体系规划有机衔接，主要内容纳入城市总体规划。城市轨道交通建设规划要树立"规划建设为运营、运营服务为乘客"的理念，将安全和服务要求贯穿于规划、建设、运营全过程，并结合城市发展需求、财政状况等实际，准确把握城市轨道交通发展规模和发展速度，合理确定制式和建设时序，量力而行、有序发展。

（六）做好相关环节衔接。

城市轨道交通规划涉及公共安全方面的设施设备和场地、用房等，要与城市轨道交通工程同步规划、同步设计、同步施工、同步验收、同步投入使用，并加强运行维护管理。在工程可行性研究和初步设计文件中设置运营服务专篇和公共安全专篇，发展改革、规划等部门在审批时要以书面形式听取同级交通运输部门、公安机关意见。城市轨道交通工程项目原则上要在可行性研究报告编制前确定运营单位。加强城市轨道交通建设与运营的交接管理，完善交接内容和程序。城市轨道交通建设工程竣工验收不合格的，不得开展运营前安全评估，未通过运营前安全评估的，不得投入运营。城市轨道交通工程项目要按照相关规定划定保护区，运营期间在保护区范围内进行有关作业要按程序征求运营单位同意后方可办理相关许可手续。

四、加强运营安全管理

（七）夯实运营安全管理基础。

建立健全运营安全风险分级管控和隐患排查治理双重预防制度，对运营全过程、全区域、各管理层级实施安全监控。建立城市轨道交通运营安全第三方评估制度。制定城市轨道交通运营安全事故报告和调查处理办法。建立健全行业运营服务指标体系和统计分析制度、服务质量考评制度，加强服务质量监管。依法推进运营单位安全生产标准化。运营单位要依法做好运营安全各项工作，严格落实安全生产责任制。

（八）强化关键设施设备管理。

制定城市轨道交通关键设施设备运营准入技术条件，加快推动车辆、信号、通信、自动售检票等关键设施设备产品定型，加强列车运行控制等关键系统信息安全保护。建立健全设施设备维修技术规范和检测评估、维修保养制度。建立关键设施设备全生命周期数据行业共享机制和设施设备运行质量公开及追溯机制，加强全面质量监管。

（九）提升从业人员素质。

深入开展行业运营人力资源跟踪研究，评估行业人才发展水平。鼓励各类院校设置城市轨道交通相关专业或者专业方向，扩大人才培养规模。完善从业人员培训考核管理制度，建立健全城市轨道交通职业分类和职业标准体系、职业技能鉴定机制，完善列车驾驶员职业准入制度，规范和强化行车值班员、行车调度员等重点岗位职业水平评价，建立从业人员服务质量不良记录名单制度，规范行业内人才流动。

五、强化公共安全防范

（十）加强日常巡检防控。

运营单位要制定安全防范和消防安全管理制度、明确人员岗位职责、落实安全管理措施，保障相关经费投入，及时配备、更新防范和处置设施设备。有关部门要加强涉恐情报信息搜集工作，运营单位要按照规定及时报告发现的恐怖活动嫌疑或恐怖活动嫌疑人员。地方反恐怖工作领导机构以及公安机关等要对有关情报信息进行筛查、研判、核查、监控，认为有发生恐怖事件危险的要及时通报和预警，有关部门和单位根据要求做好安全防范和应对处置工作。

(十一)规范安全检查工作。

依法对进入城市轨道交通场站的人员、物品进行安全检查。从事城市轨道交通安全检查的单位、人员要按照有关标准、规范和约定实施安全检查,发现违禁品、管制物品和涉嫌违法犯罪人员,要妥善处置并立即向公安机关报告。鼓励推广应用智能、快速的安检新技术、新产品,逐步建立与城市轨道交通客流特点相适应的安检新模式。制定安全检查设备和监控设备设置标准、人员配备标准及操作规范。

(十二)加强社会共建共治。

城市轨道交通所在地城市及以上地方人民政府要构建公安、交通运输、综治等部门以及运营单位、社会力量多方参与的城市轨道交通公共安全协同防范体系和应急响应机制,加强政府部门、运营单位与街道、社区之间的协调联动,推广"警企共建"、"街企共建"等专群结合的综治模式。积极招募志愿者,鼓励城市轨道交通"常乘客"参与公共安全防范与应急处置工作,提高公众安全防范能力,实现群防群治、协同共治。通过多种形式广泛宣传普及城市轨道交通相关法规和知识,加强公众公共安全防范及突发事件应对培训教育,引导公众增强安全意识和防护能力。

六、提升应急处置能力

(十三)完善应急预案体系。

城市轨道交通所在地城市及以上地方人民政府要将城市轨道交通纳入政府应急管理体系,结合本地实际制定完善应对各类突发事件的专项应急预案、部门应急预案,督促运营单位制定完善具体预案。建立突发事件应急处置机制,成立应急指挥机构,明确相关部门和单位的职责分工、工作机制和处置要求。运营单位要建立完备的应急预案体系,编制应急预案操作手册,明确应对处置各类突发事件的现场操作规范、工作流程等,并立足实战加强站区一线人员培训,定期组织开展应急合成演练。

(十四)加强应急救援力量建设。

城市轨道交通所在地城市及以上地方人民政府和有关部门、运营单位要配备满足需要的应急设施设备和应急物资,根据需要建立专职或志愿消防队、微型消防站,提高自防自救能力。建立健全专业应急救援队伍,加强应急培训,提高应急救援能力。建设国家级城市轨道交通应急演练中心,开展培训和实战场景演练。鼓励和支持企业、科研院所及社会有关方面加强专业救援装备研究开发。

(十五)强化现场处置应对。

建立协调联动、快速反应、科学处置的工作机制,强化运营单位对突发事件第一时间处置应对的能力,最大程度减少突发事件可能导致的人员伤亡和财产损失。公安、交通运输等部门以及运营单位、街道、社区要密切协同联动。有关部门和运营单位的工作人员要按照各自岗位职责要求,通过广播系统、乘客信息系统和专人引导等方式,引导乘客快速疏散。充分发挥志愿者在安全防范和应急处置中的积极作用,提高乘客自救互救能力。

七、完善保障措施

（十六）加大综合政策扶持力度。

城市轨道交通所在地城市人民政府要加大城市轨道交通财政扶持力度，统筹考虑城市轨道交通可持续安全运营需求，建立与运营安全和服务质量挂钩的财政补贴机制，科学确定财政补贴额度。保障公共安全防范所需资金并纳入公共财政体系，确保设施设备维护维修、更新改造资金到位。在保障运营安全的前提下，支持对城市轨道交通设施用地的地上、地下空间实施土地综合开发，创新节约集约用地模式，以综合开发收益支持运营和基础设施建设，确保城市轨道交通运行安全可持续。

思考与练习

1. 叙述安全教育的内容。
2. 叙述安全教育的形式。
3. 提高安全教育效果的方法有哪些？
4. 什么叫"三级教育"？"三级教育"主要培训哪些内容？
5. 事故的发生具备哪些特点？
6. 根据事故造成的人员伤亡或者直接经济损失，事故一般分为哪几个等级？
7. 根据事故的等级，应逐级上报哪些部门？

项目 5 班组服务质量管理

项目思政

 项目概述

质量是企业的生命！任何一个企业如果没有过硬的质量，就无法在激烈的市场竞争中立足，也不可能深入地被消费者认可接受，更加不可能战胜对手成为行业的佼佼者。因此，在市场经济高度发达的今天，我们更应该认识到质量对于企业的重要性。

在过去相当长的一段时间内，丰田汽车是日本制造和卓越品质的象征，丰田公司是日本企业开展质量管理的鼻祖，丰田生产方式是企业质量管理的标杆。但2010年日本丰田汽车爆发重大质量事件，引发了全球的关注。这样一个世界级的卓越企业，都出现了这样大的质量事故，这更加突显出质量问题的极端重要性。

质量问题是我国经济社会发展中一个事关全局的战略问题。一方面，无论从国内还是国际上发生重大质量安全事故造成的严重后果来看，产品质量关系人民群众切身利益，关系企业的生存和行业发展，关系政府和国家的形象，质量出了问题，就要影响经济社会平稳较快发展的全局；另一方面，进一步加快经济结构调整，转变经济增长方式，没有质量的理念不行，没有质量工具方法的支持也不行。从某种意义上说，调结构首先要调观念，要从重视规模、数量的增长，向重视质量和效益的增长转变，要把"大质量"的理念融入经济发展方式转变当中，确保战略目标的实现。

城市轨道交通客运服务是轨道交通从业人员提供给乘客的一种感受，需要满足一定的服务质量标准，它不仅仅是城市轨道交通企业向社会提供和承诺的可监控、可考核的服务产品性能的指标，也是运输企业规划建设、设施设备的配备、管理条例、工作流程和规章规范，以及工作人员素质和工作方法的标准。班组规范化管理不但涉及乘客及工作人员的生命安全，而且对企业组织的发展壮大起到重要作用。所以，班组的管理建设工作正受到越来越多的企业重视，规范化管理是班组管理的首要任务，加强这方面的管理刻不容缓。

本项目共分为四个部分。第一部分为质量管理的概述。第二部分介绍班组服务质量控制，包括质量控制的内涵及方法。第三部分对班组6S管理进行了详细介绍。第四部分介绍班组服务质量改进。

教学目标

1. 学习目标：
- 了解质量管理的概念和发展。
- 了解班组服务质量控制的方法。
- 掌握班组 6S 管理的内容和方法。
- 了解班组服务质量改进的方法。

2. 素质目标：

培养创新精神，提升综合素质，熟练掌握班组管理的各类知识、技能，严格执行班组管理工作程序、工作标准，提升班组管理工作水平和效率。

任务 1　质量管理概述

学习要求

1. 了解质量管理的概念及发展。
2. 熟悉质量管理的作用。
3. 掌握全面质量管理的含义、原则及要求。

一、质量管理的概念及发展

1. 质量的概念

质量是指产品、过程或服务满足规定要求或需要的特征和特性的总和。从定义可知，质量包括狭义和广义两个方面：狭义的质量一般指产品质量；广义的质量，则除了产品质量之外，还包括工作质量和工程质量。产品质量取决于工作质量，它是企业各部门、各环节工作质量的综合反映，而工作质量是产品质量的基础和保证。

1）产品质量

产品质量是指产品的适用性，即产品适合一定用途，满足社会需要所具备的特性功能的总和。产品质量特性一般包括五个方面：性能、寿命、可靠性、安全性和经济性。产品质量特性，有的可以直接定量表示，如钢材的化学成分、抗拉强度等，但有的只能定性描述，如外观、色泽等。这就必须用统一的质量标准，评价和检验产品。

2）工作质量

工作质量是指企业为了保证和提高产品质量所进行的生产、技术、组织等各方面的工作水平。工作质量一般包括人的质量意识、业务能力、各项工作标准、工作调度以及人们在贯彻执行这些标准和制度过程中的严密程度等。一般地说，工作质量不易定量，考核比较困难，通常的办法是通过产品质量的高低、不合格品数量的多少间接来衡量，如不合格品率、废品率、返修率等都是反映工作质量的指标。

2. 质量管理的概念

质量管理是企业为了保证和提高产品或工作质量所进行的调查、计划、组织、协调、控制、检查、处理及信息反馈等各项活动的总称。质量管理的基本任务是：确定合理的质量目标；制订全面的质量计划；建立有效的质量保证体系。对企业来说，质量管理主要包括两方面的内容，即质量保证和质量控制。

1）质量保证

质量保证就是为使人们确信某产品或服务质量所必需的全部有计划、有系统的活动。质量保证是企业对外部而不是对内部使用的，目的在于确保用户和消费者对质量的信任。换句话说，质量保证就是企业对用户在产品质量方面所提供的担保，保证用户购买的产品在寿命周期内质量可靠、使用正常。

2）质量控制

质量控制是保证某一产品、过程或服务的质量所采取的作业技术和有关活动，也就是指企业为了保证质量而采取的各种技术措施和其他措施，其目的是为用户和消费者提供满意的质量。质量控制是在企业内部进行的，它是质量保证的基础。

3. 质量管理的发展

1）检验质量管理阶段

20世纪前，工业产品质量主要取决于操作者的技术水平、经验与自我检验，称之为"操作者质量管理"。19世纪末20世纪初，美国工程师泰罗总结研究出科学管理的理论和方法，即"泰罗制"。泰罗的主张之一就是把计划与执行分开管理，把质量检验作为一门独立工作，从加工制造中分离出来，在企业中形成设计、生产、检验三个独立系统。检验人员在厂长领导下专职负责检验产品质量，判明是否符合计划及标准的要求，以保证产品质量。这样质量管理就转化为"检验员的质量管理"。

2）统计质量管理阶段

为解决检验质量管理阶段存在的问题，休哈特等人利用统计学的理论和方法创造了统计质量管理。这种方法于第二次世界大战中在国防工业部门得到应用。20世纪50年代初，在联合国的赞助下，经国际统计学会等组织的推动，许多国家先后在许多行业广泛开展统计质量管理活动。

统计质量管理的主要特点是运用概率论和数理统计方法，对质量数据进行统计分析，找出产品优劣的原因，及时采取措施，防止不合格品的产生；运用科学的抽样检验方法，在对产品的验收、评价中，降低成本，提高可靠程度。

3）全面质量管理（TQM）阶段

20世纪五六十年代，由于科学技术的迅速发展，新技术、新工艺的采用，用户对产品质量提出了更高的要求，单纯依靠质量检验、统计质量控制，已无法满足客观形势的需要了。在实践中有许多学者对这一方法进行了完善，特别是在1961年，美国质量管理专家阿曼德·费根堡姆（图5-1）出版了他的著作《全面质量控制》，提出对质量形成的全过程进行管理，执行质量管理职能是企业全体人员的责任，应使全体人员都有质量意识和承担质量责任，从而将质量管理推进了一个新的阶段。

图5-1 阿曼德·费根堡姆

二、质量管理的作用

著名质量大师朱兰曾预言:"21世纪是质量的世纪"。企业要生存、发展,必须提高产品质量,只有这样,产品才有竞争力,企业才会在市场竞争中立于不败之地。质量管理从企业层面来看,其作用主要包括:

1. 质量是企业竞争的核心要素

当前,世界经济的发展正经历着由数量型增长向质量型增长的转变,市场竞争已由价格竞争为主转向质量竞争为主,顾客对企业的要求首先是产品与服务的质量,而不是价格,质量成为企业竞争力的核心。注重顾客需求、追求顾客价值、提供富有魅力的质量卓越的产品,成为企业的首要任务。

2. 质量是企业生存的前提和发展的保证

良好的质量给企业带来良好的信誉,提升企业形象,带来忠诚稳定的顾客群体,提高企业的效益。企业以高质量为通行证可以开发新的市场,寻求新的机会,为企业的进一步发展提供广阔的前景。

3. 提高质量的过程也是全面提高企业管理素质的过程

质量是企业生产经营活动的综合性成果,质量管理,不仅要管产品质量,而且要管工作质量,从一定意义上说,就是要通过改进企业各个部门和每个人的工作质量来保证、提高企业的产品质量。通过开展以质量为中心的企业管理,可以促进企业的计划管理、生产管理、劳动管理、物资管理、设备管理、财务管理等各方面专项管理工作的改进,从根本上增强企业管理的素质,提高企业管理水平。

4. 质量管理是企业文化的宝贵财富

强化质量管理不仅提高了产品与服务的质量,而且在企业文化改造与重组的层面上,也对企业产生了深刻的影响。优良的质量文化是企业文化的宝贵财富,如地铁提供给公众优质的出行服务,能极大地丰富地铁运营企业的文化内涵,树立良好的企业形象。在质量管理活动中所建立的质量意识、参与意识、持续改进与增强意识、标准化意识、责任意识等,成为企业文化的重要组成部分。

三、全面质量管理

1. 基本含义

全面质量管理是以产品质量为核心,建立起一套科学、严密、高效的质量体系,以提供满足用户需要的产品或服务的全部活动。全面质量管理是现代化管理方法的一种,是动态的不断发展完善的管理思想,既运用一切现代化的管理方法和手段,又可以不断创新更先进的管理方法。在全面质量管理中,质量这个概念和全部管理目标的实现有关。其特点如下:

(1)全面性:是指全面质量管理的对象,是企业生产经营的全过程。

(2)全员性:是指全面质量管理要依靠全体职工。

(3)预防性:是指全面质量管理应具有高度的预防性。

(4)服务性:主要表现在企业以自己的产品或劳务满足用户的需要,为用户服务。

(5)科学性:质量管理必须科学化,必须更加自觉地利用现代科学技术和先进的科学管理方法。

总而言之,全面质量管理是一种全面的、全过程的、全员的、管理方法多种多样的现代化管理方法。

2. 企业实行全面质量管理应遵循的基本原则

1)为用户服务

它包括为使用者服务,上道工序为下道工序服务,科室为现场服务。轨道运输企业应强调一切工作为旅客服务,为运输服务。各部门都要围绕旅客运输服务,互相配合,共同完成任务。各部门之间经常组织各种形式的"联劳协作"。

2)防检结合,以防为主

把质量管理工作的重点从事后检查移到事前预防。要在废品产生之前就把质量控制起来,当然事后检查也是必要的,但这种检查不能只限于产品质量,还要把检查工作体现在工作质量与工程质量上。只有控制好工作质量和工程质量,才能使产品质量得到保证。

3)实事求是,科学分析,用数据说话

数据是客观实际的反映,全面质量管理不仅要有定性分析,而且要有定量分析。要利用各种数据统计的方法,把数据中所包含的内在规律揭示出来,作为提高产品质量的理论依据。要实事求是,反对用假数据说话,否则会导致错误的经营方针。数据真,是质量分析的根本,因而对数据要进行科学的管理,即对数据的记录、收集、归纳、统计、计算、分析、储存、传递与使用的全过程的管理。

4)全员参加管理

质量管理要人人把关、全员参加,积极开展质量管理活动。实行全面质量管理必须要调动全体职工的积极性,做到人人把关、全员参加,通过自检、互检,成立质量管理小组(QC 小组),积极开展质量管理活动,提出合理化建议,使全员参加质量管理的原则能够落到实处。

3. 基本要求

针对我国企业全面质量管理的实践,我国质量专家提出了"三全一多样"的要点,并总结了许多有益的经验和做法。企业开展全面质量管理,必须要满足"三全一多样"的基本要求。

1)全过程的质量管理

产品质量有一个产生、形成和实现的过程,这个过程是由多个相互联系、相互影响的环节所组成的,每一个环节都对产品质量产生或大或小的影响,因此需要控制影响质量的所有环节和因素。全过程的质量管理包括了从市场调研、产品的设计开发、生产(作业),到销售、售后服务等全部有关过程。换句话说,要保证产品或服务的质量,不仅要搞好生产或作业过程的质量管理,还要搞好设计过程和使用过程的质量管理。全面质量管理强调必须体现如下两个思想。一是预防为主、不断改进的思想。优良的产品质量是设计和生产制造出来的,而不是靠事后的检验决定的。事后的检验面对的是既成事实的产品质量。全面质量管理要求把管理工作的重点从"事后把关"转移到"事前预防"上来,从管结果转变为管因素。实行"预防为主"的方针,把不合格品消除在它的形成过程之中,做到"防患于未然"。二是为顾客服务的思想。顾客有内部和外部之分,外部的顾客可以是最终的顾客,也可以是产品的经销商或再加工者,内部的顾客是组织的部门和人员。实行全过程的质量管理要求组织所有工作环节都必须树立为顾客服务的思想。内部顾客满意度是外部顾客满意度的基础。因此,在企业内部要树立"下个过程是顾客""努力为下一个过程服务"的思想。现代组织工作是一环扣一环的,上一个过程的质量会影响后一个过程的质量;一个过程出了质量问题,就会影响整个过程以至产品质量。因此,要求每个过程的质量,都要经得起下一个过程,即"顾客"

的检验，满足下一个过程的要求。

2）全员的质量管理

产品和服务质量是企业各方面、各部门、各环节工作质量的综合反映。组织中任何一个环节、任何一个人的工作质量都会不同程度地直接或间接地影响着产品质量或服务质量。为了激发全体员工参与的积极性，管理者要做好以下三个方面的工作：一是全员的质量教育和培训。二是把质量责任纳入到相应的过程、部门和岗位中，形成一个高效、严密的质量管理工作的系统。三是鼓励团队合作和多种形式的群众性质量管理活动，充分发挥广大职工的聪明才智和当家做主的进取精神。群众性质量管理活动的重要形式之一是质量管理小组。此外，还有很多群众性质量管理活动，如合理化建议制度、和质量相关的劳动竞赛等。

3）全组织的质量管理

全组织的质量管理可以从纵横两个方面来看。从纵向的组织管理角度来看，质量目标的实现有赖于组织的上层、中层、基层管理乃至一线员工的通力协作，当然，各层次活动的侧重点不同。高层管理侧重于质量决策，制定出质量方针、质量目标、质量计划，并统一组织、协调企业内部的各部门、各环节、各类人员的质量管理活动；中层管理侧重于贯彻落实领导层的质量决策，运用科学方法找到关键、薄弱环节或必须解决的重要事项，确定本部门的目标和对策，更好地执行质量职能，对基层工作进行业务管理；基层管理则要求职工严格地按标准、按规范进行生产，分工合作、互相支持协助，结合岗位实际，不断进行作业改善。从组织职能间的横向配合来看，因产品质量职能分散在组织的所有部门中，要保证和提高产品质量，必须使组织研制、维持和改进质量的所有活动构成一个有效的整体。

4）多方法的质量管理

影响产品质量和服务质量的因素越来越复杂：既有物质因素，又有人的因素；既有技术的因素，又有管理的因素；既有组织内部的因素，又有随着现代科学技术的发展，对产品质量和服务质量提出了越来越高要求的外部因素。要把这一系列的因素系统地控制起来，全面管好，就必须根据不同情况，区别不同的影响因素，广泛、灵活地运用多种多样的现代化管理方法来解决现代质量问题。

质量管理方法有排列法、分层法、头脑风暴法、水平对比法、业务流程再造等，为了实现质量目标，需要综合应用各种先进的管理方法和技术手段，需要不断提高职工的质量意识和质量技能。多方法的质量管理要求的是"程序科学、方法灵活、实事求是、讲求实效"。

 案例分析

割草的男孩

一个替人割草打工的男孩打电话给一位陈太太说："您需不需要割草？"陈太太回答说："不需要了，我已有了割草工。"男孩又说："我会帮您拔掉花丛中的杂草。"陈太太回答："我的割草工也做了。"男孩又说："我会帮您把草与走道的四周割齐。"陈太太说："我请的那人也已做了，谢谢你，我不需要新的割草工人。"男孩便挂了电话，此时男孩的室友问他："你不是就在陈太太那儿割草打工吗？为什么还要打这电话？"男孩说："我只是想知道我做得有多好！"（图5-2）

图 5-2　割草的男孩

点评：这个故事反映了 ISO 质量管理八项原则的第一个思想，即以顾客为关注焦点，不断地探询顾客的评价，我们才有可能知道自己的长处与不足，然后扬长避短，改进自己的工作质量，牢牢地抓住顾客。这也是质量管理八项原则第六条"持续改进"思想的实际运用的一个例子。我们每个员工是否也可结合自己的岗位工作，做一些持续改进呢？

任务 2　班组服务质量控制

学习要求

1. 了解质量控制基础知识。
2. 了解质量管理小组的作用。
3. 掌握质量控制的方法。

一、质量控制概述

为达到质量要求所采取的作业技术和活动称为质量控制。这就是说，质量控制是为了通过监视质量形成过程，消除质量环上所有阶段引起不合格或不满意效果的因素，以达到质量要求、获取经济效益，而采用的各种质量作业技术和活动。质量控制的目标在于确保产品或服务质量能满足要求（包括明示的、习惯上隐含的或必须履行的规定）。

在企业领域，质量控制活动主要是企业内部的生产现场管理，它与是否有合同无关，是指为达到和保持质量而进行控制的技术措施和管理措施方面的活动。质量检验从属于质量控制，是质量控制的重要活动。在国际上，质量控制对象根据它们的重要程度和监督控制要求不同，可以设置"见证点"或"停止点"。"见证点"和"停止点"都是质量控制点，由于它们的重要性或其质量后果影响程度有所不同，它们的运作程序和监督要求也不同。

城市轨道交通服务质量控制可以从硬件、软件和人员服务标准三个维度的指标进行评判和衡量，简称"服务金三角"。

具体在服务质量控制工作中，提高服务质量可以使用流程分析法。流程分析法又称服务过程分析法，是指通过分解组织系统和架构，鉴别客户同服务人员的接触点，并从这些接触点出发来改进服务质量的一种方法，如城市轨道交通车站客运服务过程分解为五大模块（图 5-3）。

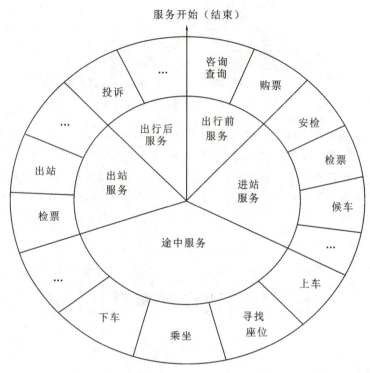

图 5-3　城市轨道交通车站客运服务过程分解

图 5-3 是城市轨道交通车站客运服务的过程分解图，以其中的人工售票过程中售票员的言谈举止为例，针对服务质量可以做如下对比分析（表 5-1），据此可以制定服务标准。

表 5-1　服务质量的对比分析

乘客的标准性期望	服务的关键因素
售票员给我和蔼可亲、乐于助人的印象	衣着整洁、举止文明、精神饱满、微笑服务
我能得到热诚的接待	诚恳热情的待客态度、文明礼貌的用语
售票员反应迅速、口齿清楚	细心聆听、嗓音悦耳、语言简洁明了
我能迅速、准确地买到车票	售票处张贴轨道交通路线示意图、价目表； 售票前，备足车票、零钱； 售票时，唱收唱付，准确、迅速
我能得到候车方向、乘车路线的提示	交付车票时，给予候车、乘车的指路服务
我能得到满意的服务，愉悦离开	笑迎、礼待和欢送乘客

二、班组质量管理小组

在班组中开展质量改进活动的一种有效组织形式是质量管理小组,一般称为现场型 QC 小组(表 5-2)。

表 5-2　质量管理小组概况表

QC 小组概况表					
小组名称	××地铁风水电安装 QC 小组		课题名称	如何降低钢板风管法兰角处漏风量	
活动日期	2013.6—2013.12	次数	26	课题编号	DLDTQC-001	小组类型	现场型
序号	姓名	性别	年龄	文化程度	组内分工	备注	
1					组长	
2					副组长	
3					技术顾问	
4					技术顾问	
5					组员	
6					组员	
7					组员	
8					组员	

1. 质量管理小组的概念

QC 小组是在生产或工作岗位上从事各种劳动的职工,围绕企业的经营战略、方针目标和现场存在的问题,以改进质量、降低消耗、提高人的素质和经济效益为目的组织起来,运用质量管理的理论和方法开展活动的小组。

2. 质量管理小组的特点

QC 小组是企业群众性质量管理活动的一种有效组织形式,是职工参加企业民主管理的经验同现代科学管理方法相结合的产物。它同企业中的行政班组、传统的技术革新小组有所不同。QC 小组的特点突出表现为明显的自主性、广泛的群众性、高度的民主性、严密的科学性。

3. 质量管理小组的组建与注册登记

为了做好组织 QC 小组工作,一般遵循"自愿参加、上下结合"与"实事求是、灵活多样"的原则。为便于管理,对组建的 QC 小组应认真做好注册登记工作。QC 小组注册登记不是一劳永逸的,每年要进行重新登记,以便确认该小组是否还存在或有何变动。

4. 质量管理中班组长的职责

1)作用

班组长是班组实施质量控制和质量改进的领导者和组织者。

2)基本任务

第一,带领班组职工理解并实现班组的质量目标。班组质量目标就是车间分劈给班组的年度生产目标及重点工作任务。

第二，熟悉本班组各岗位的作业标准或操作规程，组织班组成员开展互帮互学活动，切实做好班组业务培训工作，提高班组成员业务水平。

第三，组织自检、互检和巡检，做好过程检验工作，即按岗位分工做好对班组作业人员执行作业标准情况及作业质量的过程控制，确保作业质量。

第四，落实质量控制点活动，实施或配合控制点管理，即开展本班组作业的关键项点盯控，并做好关键岗位关键项点管理工作。

第五，组织开展 6S 活动。6S 管理是 5S 的升级，即整理、整顿、清扫、清洁、素养、安全。

第六，组织本班组职工访问下道工序，使职工在作业中学会换位思考，促使职工自觉遵守和执行作业标准。

第七，坚持开展质量改进活动，即对班组管理工作或班组作业程序或操作方法等进行纠偏，不断提升班组管理水平和班组作业质量。

5. 质量管理小组组长的职责

QC 小组组长的基本职责就是组织领导 QC 小组成员有效地开展活动，其具体职责可以概括为三个方面：

一是抓好 QC 小组的质量教育，增强全体组员的质量意识、改进意识、参与意识，加深对 QC 小组活动宗旨的理解。

二是制订小组活动计划，按计划组织小组活动，注意使活动内容与形式多样化，为组员创造一个宽松愉快的工作环境。

三是做好 QC 小组日常管理，按照企业制定的 QC 小组活动管理制度，做好活动记录、出勤考核、整理与发表活动成果报告，开展活动总结，提高活动的有效性。

6. 质量管理小组活动的程序

QC 小组活动的课题来源一般有三个方面，一是上级下达的指令性课题，二是质量部门推荐的指导性课题，三是自主性课题。

根据所选课题的特性、内容的不同，可将 QC 小组活动课题分为下述五种类型，即现场型、服务型、攻关型、管理型和创新型。

(1) 现场型课题：通常以稳定工序质量、改进产品质量、降低消耗、改善生产环境为目的。一般选择的课题较小，难度不大，活动周期较短，比较容易出成果，但经济效益不一定大。

(2) 服务型课题：通常以推动服务工作标准化、程序化、科学化，提高服务质量和效益为目的。活动课题较小，活动时间不长，见效较快。这类课题不一定取得显著的经济效益，但社会效益往往比较明显。

(3) 攻关型课题：通常以解决技术关键问题为目的。课题难度大，活动周期较长，需投入较多的资源，经济效益显著。

(4) 管理型课题：通常以提高工作质量、解决管理中存在的问题、提高管理水平为目的。课题有大有小，如只涉及本部门具体业务工作的改进课题就小一些，而涉及多个部门协作的，课题就大些，难度不尽相同，效果差别也较大。

(5) 创新型课题：创新型课题是 QC 小组成员运用新的思维方式和视角，采用创新方法，开发新技术、新产品、新市场、新方法而实现预期目标的课题。由于课题是以往不曾有过的，因此通常无现状可调查。为实现预定的目标可以有多种方案，应由小组成员运用创新思维提出,并对各种方案进行分析论证和评价,必要时进行模拟试验,选择最佳方案,然后付诸实施。

三、质量控制的方法

质量控制有很多种方法,实施的场景、条件不一,本书介绍一种典型的四步做法,即预防、检查、分析和反省。

1. 预防

说起预防,很多人会想起设计预防。但对于班组管理来讲,能够预防的就是:使过程持续保持一种稳定的状态,若过程的"4M"(指四大要素,即 manpower,人力;machine,机器;material,材料;method,方法、技术)发生变化(有时还要考虑"1E",即环境),则需要进行管理。

1)"4M"变化点管理

"4M"变化点是指过程中人、机、料、法发生了变化,这种变化可能是常规、可预见、可控制的变化(正常变化)和突发性、不可预见的变化(异常变化)。针对这种变化需要在不良发生前将萌芽的异常去除、杜绝异常发生,即防患于未然。

2)班前会管理

高效的运营班前会,能够提升员工士气;质量意识的宣导、关键质量控制点的说明,让员工能够愉快地工作。运营班前会的流程分为四步:班前会内容准备—列队问好—昨日工作总结、今日工作计划—激励上岗。

2. 检查

企业各班组都在推行"三检作业",其实这相当于一种定期检查。一个新的概念叫自主顺次检查。自主顺次检查首先得要学会确定检查要点,并且还要会编制检查表(QC 七大工具之一)。

自主顺次检查,即为了按要求达成工序品质,以重新开始的基本思路,通过实施前工程作业内容的顺次检查和自己工程作业后的全数自主检查,不让不良传到后工位的作业方式。自主顺次检查包含三个关键点:第一,由于自主顺次检查的实施者是操作员工,所以制定的自主顺次检查要点一定是关键的少数点;第二,出现不良才需要记录,没有不良则不需要记录;第三,需要制定自主顺次检查的激励措施。

为了获取数据并加以整理,必须采用某种手法,以方便记录有关数据,并且以便于整理的方式把这些数据集中起来。检查表一般可分为记录用和点检用两种类型,通过检查表,只需进行简单的检查(确认),就能收集到各种信息。

3. 分析

收集数据的目的就是利用这些数据进行整理和分析。对问题的分析能力是班组长必备的技能之一。此处介绍 QC 的三大工具:层别法、柏拉图、鱼骨图。

1)层别法

层别法是指根据一定的标准,把整体分为几个部分。在 QC 的场合下,通常将根据所具有的共同特点(如不良的现象或原因等),把全部数据分成几组的做法称为层别法。

2)柏拉图

柏拉图就是针对问题,按不良项目或原因类别,就其损失金额、不良数量、发生件数等,按照由大至小的顺序列成柱状图并作累计曲线。柏拉图有三大重要目的:识别重要问题点、找出关键改善点、改善效果确认。

3) 鱼骨图

鱼骨图是将问题结果(特性)和可能发生的原因(要因)之间的关系以箭头连接,并将要因细分整理而成的因果关系图(图5-4)。鱼骨图的制作要点为:鱼头是特性、大骨是分层、中骨是现象、小骨是"5why"。

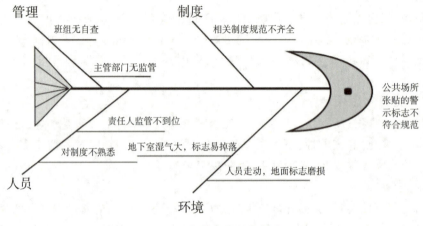

图 5-4　鱼骨图原因分析法

4. 反省

对于品质现况及不良现象,以每日、每周、每月为周期组织品质改善会议,全体员工对品质情况与不良进行控制,并改善活动习惯。对于班组管理来讲,"周品质反省会"尤为重要。周品质反省会由班组长主持,会议结束后要形成"周品质反省报告单"。报告单内容可包含本周的质量目标达成情况(趋势图)、自主顺次检查结果、本周不良问题点、重要问题点分析等内容。

任务 3　班组 6S 管理

学习要求

1. 了解 6S 管理的起源及作用。
2. 了解 6S 管理实施的原则。
3. 掌握 6S 管理的内容。
4. 了解 6S 管理的配套工具。
5. 了解 6S 管理推行的关键。

一、6S 管理的起源与作用

6S 管理是在 5S 管理的基础上增加 1S(安全)扩展形成的,为了更好地了解 6S 管理,必须先从 5S 管理活动谈起。

  5S 管理是指在生产现场对人员、机器、材料、方法等生产要素进行有效管理的一种管理活动。它提出的目标简单明确，即为员工创造一个干净、整洁、舒适、科学合理的工作场所和空间环境，并通过 5S 管理的有效实施，最终提升人的品质，为企业造就一个高素质的优秀群体。5S 管理最早起源于日本，因其简单、实用、效果显著，在日本企业中广泛推行，并被许多国家引进。5S 管理活动的对象是现场的"环境"与"人"，它对生产现场环境全局进行综合考虑，并制订切实可行的计划与措施，从而达到规范化管理。5S 管理活动的核心和精髓是人的品质，如果没有员工品质的相应提高，5S 管理活动就难以开展和坚持。

  早在 1955 年日本就提出了"安全始于整理整顿，终于整理整顿"的宣传口号。当时他们只推行了两个 S，即整理、整顿，其目的仅为确保作业空间和安全。后因生产和品质控制的需要而又逐步提出了其他 3S，即清扫、清洁、素养，进而形成了 5S 管理活动，从而使其应用空间及适用范围进一步拓展。日本的 5S 管理模式问世，对整个现场管理模式产生了强烈的冲击，由此掀起了 5S 管理的热潮。二战后许多日本企业导入 5S 管理活动，使得产品质量得以迅猛提升，丰田汽车公司正是因为 5S 管理的有效推行，奠定了精益生产方式的基础。随着管理的要求及水准的提升，后来有些企业又增加了其他 S，如安全（safety），成为 6S 管理。

  现在的企业正面对日趋复杂而极富变化的市场环境，随着多品种、低价格、高质量、短交期等进一步发展，企业之间的竞争也越来越激烈。各企业间的竞争，无论是价格、产品、服务，或是综合实力的竞争，归根结底都是管理技术的竞争，是企业文化的竞争。因此，推行全面高效的管理系统、营造良好的企业文化氛围是现代企业的必由之路。企业的决策者们都想寻找一种易施行、见效快、能持久的管理方法来提高工作效率、改善产品质量、提升企业形象与竞争力，以避免被时代前进的步伐所淘汰。

  可究竟哪种管理方法才是企业真正需要且实用性强，能给企业带来切实改变的呢？在以往的经历中，企业管理者可谓用心良苦，花巨资导入各种管理体系并寄予厚望。在企业前进的道路上，6S 管理作为企业管理的基础为国内企业指明了起步的方向。

  6S 管理对企业的作用是基础性的，也是不可估量的：

  （1）降低安全事故发生的概率。

  企业实施 6S 管理，可以从消防设施齐全、安全通道无阻塞、遵守设备操作规程、生产设备定期安检等方面将安全生产的各项措施落到实处。比如通道上不允许摆放物料，保证了通道的畅通，从而降低安全事故发生的可能性。

  （2）节省寻找物料的时间，提升工作效率。

  6S 管理要求清理与生产无关的、不必要的物品，并移出现场；要求将使用频率较高的物料存放在距离工位较近的位置，从而节省寻找物料的时间，提高生产效率。

  在 6S 管理的整顿环节，其金牌标准是 30 秒内就能找到所需的物品。

  （3）降低在制品的库存。

  6S 管理要求将与生产现场有关的物料都进行定置定位，并且标识企业内唯一的名称、图号、现存数量、最高与最低限量等，这就使得在制品的库存量始终处于受控状态，并且能够满足生产的需要，从而杜绝了盲目生产在制品的可能性。

  （4）保证环境整洁，现场宽敞明亮。

6S管理要求将与生产有关的物料定置定位管理,并限制在制品的库存,其结果使得生产现场利用空间增大,环境整洁明亮。

(5)提升员工归属感。

6S管理的实施可以为员工提供一个让人心情舒畅的工作环境,在这样一个干净、整洁的环境中工作,员工的尊严和成就感可以得到一定程度的满足,从而提升员工的归属感,使员工更加敬业爱岗。

二、6S管理实施的原则

为确保6S管理长期有效地推行下去,企业通过开展安全、整理、整顿等形式化的基本活动,使之成为行事化的清洁,最终在提高员工职业素养后,成为制度化、规范化的现场管理,因此在实施6S管理时,应当遵循下列原则:

(1)持之以恒的原则。

6S管理是基础性的,所以开展起来比较容易,并且能在短时间内取得一定的效果。正因为这个原因,6S管理在取得一定效果后,也容易流于表面的形式,无法做到不断优化和不断提高生产效率。因此,只有将6S管理作为日常工作的一部分,天天坚持,才能将其持之以恒地进行下去。

(2)持续改进的原则。

随着新技术、新工艺、新材料的应用以及市场的变化,生产现场也在不断地变化。这就要求所进行的6S管理也应当随之不断地改进,以满足其生产的需要。

(3)规范、高效的原则。

6S管理通过对现场的整理、整顿,将现场物料进行定置定位,打造一个整洁明亮的环境,其目的是要实现生产现场的高效、规范。只有实现不断提高生产效率的6S管理才是真正有效的现场管理。

(4)自己动手的原则。

管理有限、创意无限,良好的工作环境需要现场员工的创造和维护。只有充分激发员工的创造性,让员工自己动手改造现场环境,同时也改变自己对现场管理的看法,才能不断提升其自身的素养。

(5)安全的原则。

安全是现场管理的前提和决定因素,没有安全,一切管理都失去意义。重视安全不仅可以预防事故的发生,减少不必要的损失,更是关心员工生命安全、保障员工生活幸福的人性化管理要求。

三、6S管理实施的具体内容

6S管理活动的对象是现场的"环境"与"人",它对生产现场环境全局进行综合考虑,尤其是要重点考虑生产现场的安全问题,并制定切实可行的方案与措施,从而达到规范化管理。就6S管理中的6个"S"而言,并不是独立的,对于需要推行6S管理的企业来说,应当统筹考虑。

首先,安全这一要素是对原有5S的一个补充,也是生产现场管理的重中之重,既关系到操作人员的人身安全,也关系到产品、设备的安全。安全管理的实质就是要针对企业生产制造过程中的安全问题,运用有效的资源,实现产品制造过程中人与机器设备、物料、环境的和谐,达到安全生产、保证产品质量的目的,即对生产现场的安全隐患进行识别,确定安全通道,布设安全设施,以及进行必要的安全培训和安全演习等。

整理是指区分生产现场需要与不需要的物品,再对不需要的物品加以处理。其关键在于确定物品的"要与不要"、"场所所在"以及"废弃处理"的原则。

整顿是指把生产现场所需要的物料加以定置定位,即对所留下的物品进行科学合理的布置和摆放,使员工可以快捷地取得所要物品,达到生产流程合理、提高生产效率的目的。物品的定置定位,是指对留下的物品明确场所、明确放置方法、明确标识,使使用者一目了然,达到节省寻找物料的时间、实现目视管理的目的。

清扫是生产现场"零故障"和保持良好的工作环境的基础工作,不仅指例行清理灰尘、脏污等,还包括对生产现场的设备进行日常清理、检查和维修。清扫看似简单,做起来也不容易:首先要确定清扫的方法、设备检查的方法以及实施维修的方法,并逐步将清扫渗透到日常工作、将检查渗透到清扫工作,最后将维修渗透到检查工作中。

清洁是指为认真维护已取得的成果,使生产现场始终保持完美和最佳状态,将成果进行制度化、标准化,使不同的人在完成相同的工作时能够达到相同的结果。清洁的过程还在于在生产现场不断产生的一些不要的物品及时进行处理、对不断增加的新物品及时进行定置定位,纳入管理,其目的就是推动 6S 管理的持续改进。

素养不同于其他几个"S",其对象是"人",即提升人的素质。6S 管理始于素养,也终于素养。人可以改造环境,环境也可以培养一个人,人与环境是相互影响的。素养这个"S"的推行,与其他几个"S"相互渗透,可以通过培训同时进行,也可通过日常例会逐渐渗透到生产的日常工作中,在不知不觉中提升员工的素养。

四、6S 管理的过程

6S 管理要获得预期的效果,企业应当适时进行必要的过程控制,以充分暴露生产现场中的不足与问题,及时采取必要的纠正措施,促使其不断改进并持之以恒地进行下去。

(1)安全管理控制一般从三个方面进行。

一是现场安全管理,即依据安全生产法律法规、企业的规章制度、安全技术操作规程等,通过对人员、作业方法、作业环境的安全管理与监督,保证现场的安全。

二是人员现场管理。其重点在于合理安排工作时间,严格控制加班加点,防止疲劳作业,通过对作业人员安全行为的约束和管理,促进员工在作业中相互监督、相互保护,提高自我管理、自我约束和自我改进的能力。

三是设备现场管理。其重点是监督检查现场生产人员是否严格按设备操作规程使用、维护设备,这是确保安全生产物质基础的有效手段。在实际作业中,操作人员要切实掌握加工工艺方法,严格遵守操作规程,对不合理的或不安全的加工方法应及时反映,通过不断改进,使之更加条理化和安全化。

(2)现场作业环境控制,即检查作业现场是否保持清洁安全、布局合理、设备设施保养完好、物流畅通等,这不仅反映出现场人员的日常工作习惯和素养,还反映出现场 6S 管理的水平。

(3)定置定位的控制。现场物料定位定置一旦确定,管理工作就相对稳定,应及时纳入标准化管理,解决现场定置管理的"长期保持"问题,同时还应当建立与定置管理运作特点相适应的,按定置图核查图、物料是否相符的现场抽查制度。现场抽查时,不允许有任何"暂时"存放的物料,这种"暂时"一般暴露两个方面的问题:一是可能该物料没有按定置管理的规定存放到规定的位置;二是可能该物料没有列入定置管理。

(4)持续改进的控制,就是指对生产现场管理中存在的缺陷与问题进行分析研究,采取必要的纠正措施,加以改进,以达到提升企业现场管理水平的目的。

通常有下列两个方面的问题需要改进:一是现场抽查中暴露的问题,如有些物料没有列入定置管理,或定置不合理;二是随新产品的生产、新工艺的应用,原有的定置管理已经不适用,这种改进需要根据新的生产流程,重新设计部分现场物料的定置,方能保证现场定置管理长期有效地进行下去。管理的提升是一个积累的过程,只有打牢扎实的管理根基,企业才能发展壮大。

五、6S 管理实施的配套工具

6S 管理活动的实施,关键在于企业人员的意识改革与过程控制。企业领导者和普通员工能够全面、准确地理解 6S 活动的意义,是推行 6S 的前提条件。此外,在 6S 管理的具体推行过程中,执行者还应该注意掌握一些有效推进 6S 管理的工具,有针对性、有策略地开展 6S 活动,从而收到事半功倍的效果。在此,我们将介绍推进 6S 管理的几种有效工具:

1. 提案改善

改善提案是指由员工提出,自己或部门实施,旨在改进和完善本部门、本岗位的管理质量、技术、工艺、工作环境,提高现场工作效率的意见、建议、措施等。提案改善是一种积极的,具有改良性的,能美化环境、提升效率、方便管理、节省人力等的行为或方法。提案改善做法:成立提案改善委员会,制定提案改善制度,明确活动开展程序、奖励办法。鼓励员工广泛提出提案,定期开展提案评审,评审后可执行提案立即执行;提案完成后再次评审,确定提案完成报告水准以便推广奖励。通过开展提案改善活动,员工积极向企业献计献策,解决目前生产中存在的问题,追求更高的目标,以达到提高产品质量、改善工作环境、降低成本、提高员工知识技能等目的。

2. 红牌作战

指在工厂内找到问题点并悬挂红牌,让大家一眼就能看明白从而积极去改善,达到整理、整顿的目的(图 5-5)。其中,红色代表警告、危险、不合格或者不良,问题揭示单记录的项目包括责任部门、对存在问题的描述和相应的对策、要求完成整改的时间、完成的时间及审核人等。红牌作战做法:成立红牌作战小组,明确张贴红牌对象,填写及张贴红牌,红牌回收及评价。红牌作战针对的是生产现场违反 6S"三定"和"三要素"的问题,且是可以迅速、有效解决的问题。通过开展红牌作战可以积极解决生产现场存在的问题,培养员工发现问题、立即整改的意识。长期不断开展红牌作战能有效减少现场问题,规范现场作业环境,逐步提高产品质量。红牌作战的主旨是充分暴露问题。

6S 红牌作战导入期与频次:

全厂前 3~4 个月每月举行 2 次作战活动。

6S 活动辅导结束后:

每月举行 1 次,到每季度 1 次。

红牌作战实施对象是工作场所不要的物品,如:
(1)仓库中的原材料、零部件、半成品、成品等。
(2)设备,如机械设备、工装夹具、模具、防护用品等。
(3)储运工具,如货架、流水线、电梯、车辆、卡板等。
(4)卫生死角。

实施红牌作战时的注意事项:
(1)人不是挂红牌的对象,否则容易打击士气或引起冲突。
(2)向全员说明挂红牌是为了把工作做得更好,要以正确的态度对待,不可置之不理或认为是奇耻大辱。
(3)什么样是好的,什么样不好,每个人都可以正确判断。
(4)挂红牌时,理由要充分,事实要确凿。
(5)区分严重程度,已是实实在在的问题的,挂红牌;仅仅是提醒注意的,可挂黄牌。

责任部门		希望完成日	
问题描述:			
对策:			
完成日	责任人		审核
验收结果:			
验收日	验收人		审核

图 5-5 红牌作战样板

另外,红牌发行时,要予以登记,以此确认整改进度。红牌统计表样式见表 5-3。

表 5-3 红牌统计表样式

车间	区域	红牌编号	问题点描述	完成日期	责任人	完成情况	再完成时间	备注

3. 定置管理

定置管理是根据安全、品质、效率、效益和物品本身的特殊要求,研究并分析人、物、场所的状况及其关系,并通过整理、整顿改善生产现场条件,促进人、机器、原材料、制度、环境有机结合的一种方法。定置管理做法:进行方法研究,确定工艺流程和搬运路线;分析人、物状态,确保人与物紧密结合,并发挥能效的状态;分析物流、信息流,掌握生产现场物品变化规律和信息的连续性,并对不符合标准的物流和信息流进行更正;定置设计,确保每个工作区域有布置图;标识标牌设计,确保每个区域、物品有信息指示;定置实施,现场清理,按定置图实施定置,放置信息标牌。通过定置管理可以综合规划管理车间生产现场人、物、设备等生产元素,正确分析工艺流程,合理布局,有助于改善现场工作环境。

4. 定点摄影

定点摄影是指从相同的位置、同样的角度、同样的方向,将现场死角、不安全之处、不符合 6S 规定之处拍下来并张贴在大家都能看到的地方,激发大家改善的意愿。定点摄影可以用于 6S 推行的各个阶段,作为活动推行的前后对比或阶段对比。定点摄影做法:在地板上画一个点,摄影者站在点上,在所摄物体的中心位置也画一个点,摄影时照相机的焦点对准所拍物体上的点。通过定点摄影,对现场的改善对象进行治理前、治理中、治理后连续摄影,展示出来,让大家通过对比,直观地看到方法和成果,进行自我激励,并方便全员向做得好的地方、好的方法学习,达到共同提高的目的。

在拍摄过程中,镜头应对准一些特别脏乱的地方。在推行 6S 之前,通过拍照方式把现状记录下来,待推行后,进行活动推行的前后对比,可利用改善看板或成果分享等方式,让所有员工知道改善的进度和成果,大大增强员工对活动推行的信心。摄影的目的是让企业留下成长的记录,使之成为企业的历史文化。

5. 看板管理

只要走到现场一看,不管是谁都可以很清楚地指出问题点和对策的要点,这也是现场的一种管理方法(图 5-6)。

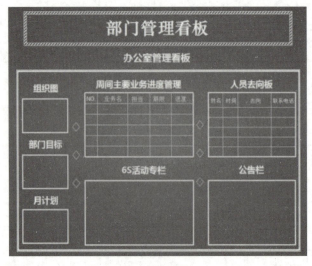

图 5-6　看板管理

六、6S管理推行的关键

1. 管理者强有力的支持

管理者强有力的支持对6S的推行非常重要,这种支持绝不能只停留在口头上,而是应尽量做到以下几点。

(1)出席推行委员会会议,与推行人员一起参加6S活动的评比。

(2)在公司的调度会议、工作会议上不断地强调6S管理的重要性,对好的部门给予称赞,对差的部门进行批评与督促。

(3)调动内部各种力量为6S活动的推行服务,如内部刊物、宣传栏等。这样一来,各种阻力将大幅减少,这对6S活动的推行非常有益。

2. 管理者要经常巡查现场

在一个企业或一个部门中,当导入一项新的活动或制度时,高层管理者关注的程度是这项活动能否坚持下来的决定性因素,6S也不例外。高层管理者必须在言行上持续关心6S活动。具体来说,表达关心的重要方法之一就是经常进行现场巡视。管理者在巡视时要注意以下几点:

1)把握大局

通常有组织的巡视活动是根据6S检查清单上的要求事项进行的,一般来说,管理层在现场进行巡视的时候,不应受检查表的局限,可以不拘泥于形式,从企业的大局出发,提出6S要求,督促现场部门进行改善。若太过局限于检查表的检查项目,反而有可能失去对活动大局的有效把握。

2)及时对6S活动提供支持和指导

管理者在巡视时,不能只停留在指出问题的层面上,而应该针对有关安全、公害、废弃物以及废旧设备处理等问题提供必要的指导和帮助,在具体执行6S整改的过程中提供必要的资源支持(人力、财力、物力)。

3)注意与员工的现场沟通

为了培养员工的6S意识,管理层在巡视过程中应适时地与员工进行沟通。例如,在现场巡视时,管理者可以与相关员工进行短时间的谈话,时常同6S推进成员打招呼,表扬那些在6S活动中做出成绩的小组和人员,关注其改善成果,以不同形式表示对他们的支持。这样做不仅能够激发员工开展下一步活动的激情和动力,还能够促进其他后进员工和后进部门仿效和跟进。

3. 全员参与

开展6S活动重要的不是理论而是实践,实践越多效果越好,并且,参加6S实践的人员越多,也就越容易达到6S的目的。因此,6S活动最有效的开展方法就是促进全员参与。同时,6S活动的开展还能为企业的改善革新活动打下良好的现场管理基础,提高员工参与革新活动的自主性和积极性。

在没有很好地开展6S活动的企业中,很多人可能会片面地认为6S活动只是6S委员会或者管理人员的事情。因此,要做到企业全员参与6S活动,就必须做好以下方面的工作。

1)明确每个人的6S职责

表5-4所示为各级人员的6S职责要求:

表 5-4　企业各级人员的 6S 职责

序号	岗位	6S 职责
1	董事长、总经理	1. 确认 6S 活动是公司管理的基础； 2. 参加与 6S 活动有关的教育训练与观摩； 3. 以身作则，展示企业推动 6S 的决心； 4. 担任公司 6S 推动组织的领导者； 5. 担任 6S 活动各项会议的主席； 6. 仲裁有关 6S 活动争议问题点； 7. 掌握 6S 活动的各项进度与实施成效； 8. 定期实施 6S 活动的上级诊断或评价工作； 9. 亲自主持各项奖惩活动，并向全体员工发表讲话
2	管理人员	1. 配合公司政策，全力支持与推行 6S； 2. 参加外界有关 6S 的教育训练，学习 6S 技巧； 3. 研读 6S 活动的相关书籍，广泛收集资料； 4. 开展部门内 6S 宣导并参与公司 6S 宣传活动； 5. 规划部门内工作区域的整理、定位工作； 6. 根据公司的 6S 进度表，全面做好整理、定位、画线标示的作业； 7. 协助下属克服 6S 障碍与困难点； 8. 参与公司评分工作； 9. 6S 评分缺点改善和申诉； 10. 督促下属进行定期的清扫点检； 11. 上班后进行点名与服装仪容清查，上班过程中进行安全巡查
3	基层员工	1. 对自己的工作环境需不断地整理、整顿，物品、材料及资料不可乱放； 2. 不用的东西要立即处理，不可占用作业空间； 3. 通道必须维持清洁和畅通； 4. 物品、工具及文件等要放置于规定场所； 5. 灭火器、配电盘、开关箱、电动机、冷风机等周围要时刻保持清洁； 6. 物品、设备要仔细、正确、安全地摆放，将较大、较重的物品堆放在下层； 7. 保管的工具、设备及所负责的责任区要整理； 8. 将纸屑、布屑等集中于规定场所； 9. 不断清扫，保持清洁； 10. 注意上级的指示并加以配合

2）全员参与，实施改善

6S 活动的重点是现场的整理阶段，要求全体员工一起实施整理、清除废物，创造舒适的工作环境。在整顿阶段，应当使区域布局、物品定位趋于合理，方便取用和归还，节省寻找的时间并消除寻找过程中的焦虑情绪。在清扫阶段，全体员工要进行彻底清扫，力求现场整洁明亮,创造无垃圾、无污染的清洁的工作环境。

在这个过程中,6S 活动的参与者不仅能够创造舒适、漂亮的现场环境,他们的意识也会发生改变,并能体会到现场改变后的成就感。

4. 激活全体员工的参与热情

要激活 6S 活动、促进全体员工参与,管理者就需要开展各种各样、丰富多彩的活动,来激发员工的参与热情。

(1)运用各种宣传工具。

例如,发行 6S 活动刊物或在现有刊物上开辟 6S 专栏;制作 6S 宣传板报,张贴或悬挂 6S 标语、口号。

(2)开展多种形式的活动。

例如,召开 6S 活动委员会和报告会;开展 6S 宣传画、标语、口号等的征集和表彰活动;开展 6S 竞赛和检查评比活动;在班前会、班后会上,管理者应深入班组,宣传 6S 的相关内容,强化效果。

拓展阅读

企业 6S 管理案例

一、项目背景

浙江省某民营企业老板姓李,他 20 岁那年开始做小工帮人家送货,后来做起小生意,当时适逢内衣制造业迅猛发展,他就选择了做内衣的加工。于是,家里的亲朋好友前来帮忙打理,工厂越做越大,员工人数达 500 多人,李老板本应该开心,可他犯愁了——工厂应该赚钱才对,可是除去开支、每年银行的贷款,收入所剩无几。他自己每天都忙忙碌碌地工作,工厂根本没有什么发展,企业要做大他就更没信心了。

分析:

1. 工厂管理上有问题吗?表现在哪些地方?
2. 如何改善?
3. 企业的竞争力是什么?
4. 如何强化执行力?

二、生产现状

1. 李老板经常到车间巡视,每天安排四个搬运工搬运车间的半成品,车间主任还说杂工太少。如要增加搬运工,人工成本又增加,这如何是好?
2. 各车间的成品、不良品、半成品及原料到处乱放,无标识,无区分,有时候出货时少数量,找不到,出货后又冒了出来,让人哭笑不得。
3. 机修师傅的工具和员工的工具随地乱放,常常遗失,又申请购买。有时工人常常吵架,怀疑有人偷窃。
4. 机器根本没保养,有时候突然损坏,一修就是半天,还缺少零部件。
5. 在车间现场,私人物品到处乱放,衣服、雨伞、梳子等有的放在机器上,有的放在窗户上。

6. 在车间,有的工人打电话,有的玩手机,有的干脆就把耳机插在耳朵内,不取下来。

7. 地面很脏,天花板上的蜘蛛网连成一片,出货的电梯门敞开,还发生过事故。

8. 员工士气不振,管理人员都说管理太难,员工太刁,人员不好管理。

9. 许多管理人员说,这些都是小问题,能出货,货款能收回就好。

10. 更让人心烦的是,出货老是延期,产品质量无法控制,客户抱怨加大,成本增加,产品价格又下降。

三、产生的后果

1. 人生病了,就要治疗,长期不治疗的话,可能病倒,就要住院;锅炉、蒸汽炉等自然寿命短,影响生产,无法保证客户的交货期。

2. 工厂接到客户的订单,没有任何计划和排单,从板房、裁床、缝制车间到包装车间,没有任何统计数据,最多只是员工的计件数量,如果你问车间主任,今天的生产量是多少?他不知道。这样一来,只能在出货的时候,通宵达旦地加班。产品质量得不到保障,也不能按时出货。

3. 在车间,质量控制更是一笔糊涂账,有多少不良品?不良项目是什么?不清楚。既然不清楚,能提高产品的质量吗?

4. 在现场管理方面,废布头、线头到处都是,有的还作为擦手布和垫脚布,有没有想过,工人的潜意识里是如何看待自己生产的产品的?正如有的人所说,"内衣厂工人不穿自己做的衣服,食品厂工人不吃自己做的食品",也就不奇怪了。

四、改善思路

1. 首先要形成一种良好的企业氛围,要潜移默化地慢慢让所有的员工改变陋习,形成好的习惯。不能过急,也不能让员工没感觉。员工都希望能实现自己的价值,都喜欢好的企业文化,满足了这一点,企业肯定能做强。

2. 要有制度。企业管理靠的是制度,要规划自己的组织结构,明确各自的职责,一定要清晰和细腻。作业指导书、质量标准、各部门的工作衔接要厘清。

3. 要有监督机制。凡事要有计划,要执行,并监督是否有效地执行,要培植企业的执行力和管理人员的责任心。

4. 要数据化。每天的生产数量及质量要有统计报表,要分析,要改善,并要落实预防措施。没有数据,就无法管理好工厂。

5. 要有持续改进的意识。企业没有最好,只有更好,管理者要善于发现问题、分析问题和解决问题。

6. 要建立绩效考评机制。管理人员及工人的工资收入不仅要与生产数量与质量挂钩,还要与他们的敬业精神和协调合作意识挂钩。

五、项目执行

1. 推进6S管理的基本原理:心态变则意识变,意识变则行为变,行为变则性格变,性格变则命运变。

2. 确定推行步骤(见表5-5)。

表 5-5　项目执行步骤

阶段	步骤	具体作业内容
准备阶段（P）	第一步	高层承诺、做好准备
	第二步	成立 6S 管理推进领导小组
	第三步	制定 6S 管理推行方案
	第四步	宣传造势、教育培训
实施、评价阶段(D、C)	第五步	局部推进： 1.现场诊断； 2.选定样板区； 3.实施改善； 4.确认效果
	第六步	全面启动： 1.实施区域责任制； 2.制定评价标准； 3.评价诊断、检查监督和考核； 4.进行 6S 管理评比、竞赛
巩固阶段（A）	第七步	维持 6S 管理成果(标准化、制度化)
	第八步	挑战新目标

3.局部地推进 6S 管理。

局部推进 6S 管理，又分为四个阶段：

(1)现场诊断；

(2)选定样板区；

(3)实施改善；

(4)确认效果。

4.全面推进：

(1)改善布局；

(2)规划生产现场；

(3)改善物流；

(4)减少搬运；

(5)精简业务；

(6)会议的 6S 管理；

(7)文件资料的 6S 管理。

5.6S 管理考核及竞赛。

六、项目成果

1. 改善和提高企业形象。

整齐、整洁的工作环境,吸引了顾客,让顾客心情舒畅;同时,由于口碑相传,企业成为其他公司的学习榜样,从而大大提高企业的威望。

2. 促成效率的提高。

良好的工作环境和工作氛围,再加上很有修养的合作伙伴,员工们精神集中,认认真真地干好本职工作,大大地提高了效率。

3. 提高零件库存周转率。

需要时立即取出有用的物品,供需间物流通畅,极大地减少了寻找所需物品的时间,有效地提高零件在库房中的周转率。

4. 减少直至消除故障,保障品质。

优良的品质来自优良的工作环境。通过经常性的清扫、点检和检查,不断地净化工作环境,有效地避免污损材料或损坏机器,维持设备的高效率,提高产品品质。

5. 保障企业安全生产。

整理、整顿、清扫,做到储存明确,工作场所保持宽敞、明亮,通道畅通,地上不摆设不该放置的东西,工厂有条不紊,意外事件的发生大为减少,安全有了保障。

6. 降低生产成本。

企业通过实行6S管理,极大地减少了人员、设备、场所、时间等方面的浪费,从而降低生产成本。

7. 改善员工的精神面貌,使组织活力化。

明显地改善员工的精神面貌,使组织焕发一种强大的活力。员工都有尊严和成就感,对自己的工作尽心尽力。

8. 缩短作业周期,确保交货期。

通过实施整理、整顿、清扫、清洁来实现标准化的管理,企业的管理一目了然,使异常的现象很明显,便于及时处理,从而使作业效率提高,作业周期相应地缩短,确保交货日期。

七、客户评价

1. 现场大有改进。各物件都定置定位,且堆放整齐,各物品标记明确,通道畅通无阻。

2. 员工的素质有所提高。通过6S管理活动,员工学到了很多知识,逐步养成按规范行事、按规定操作的习惯,并且能监督别人的行为。

3. 员工的安全意识加强了。上班时能自觉佩戴安全用品,熟悉配置的消防器具及安全通道。

6S管理活动,是一个全员的活动。它不是一个人或一个部门的事,而是我们每一个员工都要参加的整体活动。

6S管理活动,是一个循序渐进的过程,人的习惯也不是一下子就能改变的,需要有一个过程。它要求我们不断地创新、不断地监督考核、不断地进行PDCA循环,让6S管理在现在、在将来不断精益求精,促进企业经济效益的持续增长。

任务 4　班组服务质量改进

学习要求

1. 了解质量改进活动的意义。
2. 掌握 PDCA 循环的内涵。

随着国民经济水平的不断提升和轨道交通出行比例的不断提高,顾客(轨道交通乘客)对轨道交通企业服务质量的要求也日益提高。要改进班组服务质量,首先要对当前服务和顾客期望的服务之间的差距进行分析,一般来说,有以下几个方面的差距:

1. 顾客期望与企业认知之间的差距

很多情况下,公司的管理者并没有真正理解顾客对企业服务的期望,也没有了解影响顾客期望的主要因素。调查发现,在地铁站内增设洗手间、地铁双向扶梯过少、等候座位不足等是地铁乘客诉求比较多的问题。

2. 企业认知和提供服务之间的差距

地铁运营服务具有特殊性,企业即使对顾客需求有比较准确的理解,在提供高水平服务的过程中,仍然有可能面临诸多困难。在高峰时期,乘客在地铁内遇到拥挤的情况是十分普遍的,地铁管理者认识到了这一问题,也出台了一些政策——增加工作人员维持秩序,增加人工售票,安保人员引流等,但由于乘客基数过大,仍然无法根本解决地铁拥挤问题。

3. 服务提供和服务传递之间的差距

以乘客问路的过程为例。当乘客询问地铁工作人员自己不清楚的线路时,工作人员应向其指出并帮助其行往正确的方向。但由于每个人的认知都是有限的,如果问到工作人员本身也不熟悉的线路时,工作人员即使想帮助乘客解决问题,也没有办法去提供服务。这就是服务提供与服务传递之间的差距。

4. 服务传递和外部沟通之间的差距

在地铁的规划设计中,要充分体现人性化和便民原则。服务企业做出符合实际的承诺,并且实际提供的服务达到顾客的期望,顾客的满意度就会比较高。

5. 顾客期望与顾客感知之间的差距

服务质量差距是由上述差距组成的,上述差距越小,服务质量差距越小,顾客就会越满意。地铁运营部门想要提高顾客的满意度,就应该从以上四个差距着手,缩小这四个差距,从而让顾客期望与顾客感知之间的差距达到最小化。

因此,轨道交通运营企业要以乘客需求为服务导向,加快提升服务质量,积极开展班组服务质量改进活动,提高服务品质。

一、质量改进活动

质量改进活动是从收集质量信息、确定改进项目开始,通过查找因素、分析原因,确定缺陷产生的主要原因,制定改进措施,直到改进实施的完成这样一个过程。它是企业深入开展质量管理、不断提高质量水平的一项重要活动,班组应积极组织其成员参加这一活动。

班组参加质量改进活动,主要是为制订质量改进计划和选定改进项目提供依据,参与对产生缺陷的原因的分析,按照质量改进方案实施,以及在取得改进成果后,按照新的标准,采取有效的控制办法,在新的质量水平上进行控制,巩固改进成果。

在现场质量管理活动中,班组长是班组实现质量控制、质量改进的领导者和组织者。因此,充分发挥班组长在班组质量管理活动中的作用,对于实现企业的质量目标有着重要意义。班组长应该在以下八个主要方面发挥其领导和组织作用,将班组建设为先进模范班组。

1. 带领班组成员不断向高质量、低消耗、高效率的目标进取

所谓高质量,就是要充分运用班组现有的人员、设备、工具、材料、技术、方法等条件,最大限度地提高符合性质量。通常用优质品率、一等品率等指标来表示符合性质量的程度。所谓低消耗,就是要尽可能减少班组内的人力、物力、时间等浪费现象,不断降低废品率、次品率、返修率,降低工时、材料、工具和各种物料的消耗水平。所谓高效率,就是低消耗的另一种表现形式,如在保证质量的前提下不断提高单位时间的产量、人均产量、机台产量、单位作业面积的产量等。班组长要在分析需要和可能条件的情况下,分别确定班组的各个成员、各机台、各个岗位的进取目标,并组织实施。

2. 组织学习质量管理基本知识,增强质量意识

班组长要积极组织班组成员学习质量管理的基本理论、概念和方法,掌握一定的科学管理知识和技能,使班组成员不断提高质量意识,牢固树立"质量第一,用户第一,预防第一"的基本思想,这是提高班组质量控制能力、克服盲目性、增强自觉性的必要途径。

3. 加强基本功训练,认真落实"三按"生产和"三分析"活动

"三按"是指生产工人应严格按图纸、按标准、按工艺要求进行生产。班组长要在完成本职工作的同时,不定期地抽查班组成员的贯彻情况,及时帮助纠正自由作业的现象。"三分析"是指当出了质量问题时,班组长要及时组织召开班组质量分析会,分析质量问题的危害性,分析产生质量问题的原因,分析应采取的措施,以便有效地防止质量问题的重复发生。

班组长除了要认真落实"三按"生产和"三分析"活动外,还应结合工作需要有计划地组织学习有关专业知识,学习观摩先进经验,开展岗位练兵和操作竞赛等活动,不断提高班组人员的操作业务能力,使每个成员都能胜任本职工作。

4. 不断寻找问题点,提出改进课题

班组长的重要任务之一,是树立强烈的问题意识,对自己从事的工作要有不断改进、不断提高的欲望和热情,要善于及时发现问题、提出问题。要恰当地组织班组成员不断地寻找本班组及本岗位的问题、差距,有计划地组织改进。

5. 组织开展文明生产活动,创造良好的工作环境

定期组织班组成员开展整理、整顿、清扫、清洁和讲纪律活动,是保证完成班组任务的重要条件。"整理"是指将车间、班组区域内与生产活动无关的东西清理掉;"整顿"是指将班组内的工具箱、工位器具、毛坯、半成品、技术文件等各种物品按定位管理的规定摆放整齐;"清扫"是指要及时组织班组成员将生产、工作区域的工业垃圾和废物清扫干净;"清洁"是指要养成良好的卫生习惯,经常保持生产设备、工具、地面和生产场所的清洁、干净;"讲纪律"是指班组成员遵守各项纪律和有关规定,提倡职工之间相互团结、相互尊重、礼貌谦让,为下道工序创造便利条件。

6. 组织开展质量管理小组活动

班组长要利用质量管理小组这种有效形式,针对提高质量、降低消耗及文明生产等方面存在的问题,提出课题,组织和引导职工开展 QC 小组活动加以解决。

7. 落实质量控制点活动

班组长必须帮助、督促工人严格按工序质量文件中的有关规定,与检验员、设备部门等密切配合,认真开展质量控制点控制活动,保证关键、重要的质量特性达到规定的要求。

8. 落实质量责任制,开展评比活动

质量责任制是实现质量目标、完成质量管理工作的保证。落实了质量责任制,就可以做到班组内同产品质量有关的工作有人管、有标准、有检查、有考核,人人职责明确,事事功过分明。班组长要明确全组职工各自的质量责任,并通过开展组内的质量评比活动,切实加以落实。

班组长为了对本班组生产的产品(半成品或零部件)质量负责,完成班组质量任务,要随时掌握班组工作动态,组织有关人员对出现的异常情况及时分析原因,研究对策措施,实施控制。

二、PDCA 循环

1. 班组质量改进的基本程序——PDCA 循环

质量改进活动必须遵循科学的规则,否则将影响改进的效果和效率。这个科学规则就是计划(plan)、实施(do)、检查(check)和处置(act)四个阶段,最早由休哈特提出,后来经过戴明引用而广为流传(图 5-7)。

1) PDCA 循环的内容

第一阶段(计划):包括制定方针、目标和对策措施等,如班组班前预想环节。

第二阶段(实施):落实具体对策,如班组成员现场作业环节。

第三阶段(检查):对策实施后,把握对策的效果,如班中检查控制环节。

第四阶段(处置):总结成功的经验,形成标准,以后按标准执行。对于没有解决的问题,转入下一轮 PDCA 循环解决,为制订下一轮改进计划提供资料。如班组班后总结环节。

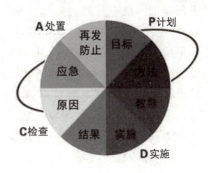

图 5-7　PDCA 循环

2) PDCA 循环的特点

四个阶段一个也不能少。大环套小环,PDCA 的每个阶段也可细分为小的 PDCA 循环,每循环一次,产品质量、过程质量或体系质量就提高一步,PDCA 循环呈螺旋式不断上升。

2. 班组质量改进的一般步骤

(1)识别和确定改进机会:识别所要解决的问题或改进机会,以及它为什么重要和需要优先改进等。如班中检查发现班组存在的问题。

(2)调查把握现状:需要从时间、地点、种类、特征等角度分层调查。例如对班中检查发现的问题进行汇总梳理,查清问题性质。

（3）寻求要因或最佳方案：识别问题可能的原因，并通过筛选、验证，寻求对结果影响显著的根本原因。如对班组存在的问题进行深入剖析，查明是管理层的原因还是作业层的原因，以及主要原因和次要原因等。

（4）制订对策计划：应针对要因或最佳方案，制订对策计划，明确"5W1H"，即 why（为什么要制订这一对策）、what（预计达到什么目标）、where（在哪里实施对策）、who（由谁实施对策）、when（何时开始和完成）、how（如何实施）。如班组针对存在的问题，在剖析后制定有效的整改措施。

（5）实施对策计划：实施对策时，有关部门、人员要通力配合，需要跟踪对策计划的实施进度。如班组长对整改措施进行追踪落实。

（6）确认改进效果：将改进效果换算成金额，注意扣除改进费用，并获得财务部门认可；没有达到目标的需要根据各步骤可能存在的问题，进行补充或重新开始。

（7）巩固和分享改进成果：对于有效的措施，应再次确认"5W1H"，并将其标准化，正式纳入相关的标准、程序、图样和规范等，并实施教育培训，建立保障严格遵守标准的质量责任制。

3. PDCA 循环的特点

（1）PDCA 循环的四个阶段彼此不能超越，也不能停留与间断。每次循环包括四个阶段、八个步骤，每循环一次，就完成一个完整的管理过程，应使质量提高一步。

（2）大环套小环，一环扣一环，小环保大环，推动大循环。整个企业质量目标计划和实施的过程是一个大的循环，各个车间、科室、班组以至个人要根据企业总的方针和目标，制定自己的工作目标和实施计划，并进行相应的 PDCA 循环。上一级循环是下一级循环的依据，下一级循环是上一级循环的贯彻落实和具体化。

（3）PDCA 循环每转动一周，质量就应提高一步，每循环一次，都相应地解决一批问题，质量水平应上升到一个新高度，从而下一次循环就有了更新的内容和目标。只有这样才能使企业的产品质量、工作质量和管理水平不断得到提高。

城市轨道交通运输企业生产的目的是输送乘客，产品是旅客的位移，其质量特性是安全、舒适、准确、迅速、经济、便利。基于 PDCA 持续改进的全面质量管理作为一种现代的科学管理办法，有助于帮助城轨运营企业一线班组不断提高服务质量，从而使乘客的满意度最大化，产生良好的社会效益。

> **拓展阅读**
>
> **《城市轨道交通服务质量评价管理办法》（摘录）**
>
> 第一条 为规范城市轨道交通服务质量评价工作，推动城市轨道交通服务质量提升，根据《国务院办公厅关于保障城市轨道交通安全运行的意见》（国办发〔2018〕13号）、《城市轨道交通运营管理规定》（交通运输部令2018年第8号）等有关要求，制定本办法。
>
> 第二条 城市轨道交通运营（含初期运营）线路、运营单位和城市线网的服务质量评价工作适用本办法。
>
> 第三条 城市轨道交通服务质量评价坚持以乘客为中心，遵循公平、公正、公开的原则。

第四条　城市轨道交通所在地城市交通运输主管部门或者城市人民政府指定的城市轨道交通运营主管部门(以下统称城市轨道交通运营主管部门)负责组织开展本行政区域内的城市轨道交通服务质量评价工作。

对跨城市运营的城市轨道交通线路，由线路所在城市的城市轨道交通运营主管部门按职责协商组织开展服务质量评价工作。

第五条　城市轨道交通运营主管部门应当按年度组织开展服务质量评价工作。新开通运营线路，自次年起开展服务质量评价。

第六条　城市轨道交通服务质量评价以线路为单位开展。城市轨道交通运营单位(以下简称运营单位)的服务质量得分，以其所辖线路的服务质量得分按各线路客运量加权平均后，根据运营单位工作表现情况加减分，再按所辖线路规模进行系数调整。

城市轨道交通线网的服务质量得分，以城市线网所有线路的服务质量得分按各线路客运量加权平均后，再按城市线网规模进行系数调整。

第七条　城市轨道交通服务质量评价应当依照本办法和部《城市轨道交通服务质量评价规范》要求开展，评价内容包括乘客满意度评价、服务保障能力评价及运营服务关键指标评价3个部分。

乘客满意度评价应当通过面访调查、网络调查、电话调查等方式开展。

服务保障能力评价应当通过实地体验、资料查阅、数据调取、人员询问、现场测试等方式开展。

运营服务关键指标评价涉及的数据应当符合有关规定，有条件的城市应当通过智能管理系统直接获取。

第八条　城市轨道交通运营主管部门应当提前制定评价方案，并及时通知运营单位。

第九条　城市轨道交通运营主管部门可以自行或者委托第三方机构(以下统称评价实施单位)开展服务质量评价。委托第三方机构开展服务质量评价的，第三方机构应当满足以下条件：

(一)具有法人资格；

(二)与被评价对象无隶属关系或者利害关系，能够客观公正地开展服务质量评价工作；

(三)具有良好的信誉和健全的制度；

(四)熟悉城市轨道交通行业，有从事社会调查的经验；

(五)相关法律、法规规定的其他要求。

第十条　评价实施单位应当独立、公正、客观地开展服务质量评价。开展服务质量评价时，不应影响城市轨道交通正常运营秩序。

第十一条　运营单位应当配合做好服务质量评价工作，如实报告有关情况，提供相应文档资料，并对报告情况和提供资料的真实性负责。

运营单位在评价过程中存在提供不实数据、出具虚假资料、干扰正常评价工作等情形的，评价结果无效。

第十二条　服务质量评价工作完成后,评价实施单位应当及时出具评价报告,并对评价报告负责。评价报告应当包括评价工作基本情况、评价结果、存在的主要问题和整改建议等内容。

第十三条　城市轨道交通运营主管部门应于次年1月底前将年度服务质量评价报告书面报送城市人民政府,并抄送相关部门,为建立与运营安全和服务质量挂钩的财政补贴机制提供决策依据。

运营单位应当将服务质量评价结果纳入部门和人员日常工作评价、考核体系。鼓励运营单位建立与服务质量评价结果挂钩的薪酬管理制度。

第十四条　城市轨道交通运营主管部门应当将评价结果及发现的问题及时通报运营单位,督促运营单位采取有效措施,改善服务质量。

运营单位应当及时向城市轨道交通运营主管部门报送问题整改报告。对于规划建设等遗留问题,暂不具备整改条件的,应当在整改报告中详细说明原因,并通过技术、管理等措施加以改进,在保障运营安全的基础上不断提升服务质量。

第十五条　城市轨道交通运营主管部门应当及时向社会公布服务质量评价结果。

第十六条　城市轨道交通运营主管部门应当于次年1月底前,将年度服务质量评价报告报送省级交通运输主管部门。省级交通运输主管部门应当及时将年度服务质量评价报告报送交通运输部。

省级交通运输主管部门每年可选取辖区内部分城市轨道交通线路开展服务质量评价,加强对城市的监督指导,促进服务质量评价工作规范化开展。

交通运输部组织开展全国城市轨道交通服务质量分析提升工作,并视情对各地服务质量评价工作进行抽查。

思考与练习

1. 质量管理的基本概念是什么?
2. 质量管理的作用有哪些?
3. 全面质量管理的基本要求有哪些?
4. 质量管理小组的特点有哪些?
5. 质量管理中班组长的职责有哪些?
6. 简述质量管理小组活动的程序。
7. 6S管理实施的原则是什么?
8. 描述6S管理的一种实施工具。
9. 6S管理推行成功的关键是什么?
10. PDCA循环工作方法的实施步骤有哪些?

参 考 文 献

[1] 马驷,饶咏.城市轨道交通运营管理[M].北京:科学出版社,2014.
[2] 张苏敏.城市轨道交通班组管理[M].北京:中国铁道出版社,2013.
[3] 黄安心.企业班组现场管理[M].武汉:华中科技大学出版社,2013.
[4] 铁路班组管理教程编委会.铁路班组管理教程[M].北京:中国铁道出版社,2013.
[5] 王斌,王效乾.城市轨道交通班组管理[M].上海:上海交通大学出版社,2017.
[6] 成都铁路局.班组管理与实践[M].成都:西南交通大学出版社,2012.
[7] 北京铁路局.铁路班组长培训实践篇[M].北京:中国铁道出版社,2011.